法国学者绍克吕说："地理是横的历史，历史是纵的地理。"
那么，地名便是这"纵横"网络线脉上繁星一般的自然实体的标
记，是源远流长的文化长河中的印记。

把核心价值观宣传放在核心位置
——《核心价值观的故事》丛书序言

光明日报总编辑　何东平

　　《核心价值观的故事》丛书收录的是党的十八大以来光明日报有关家风家教、校训校风、乡贤文化、地名文化以及核心价值观百场讲坛的报道和文章，展示的是光明日报坚持不懈、不断创新的核心价值观宣传成果，更重要的是体现了光明日报这几年来一直秉持和坚守的"把核心价值观宣传放在核心位置"的办报理念。

　　为国家立心，为民族铸魂。十八大以来，党中央大力推进、持续深化社会主义核心价值观培育和弘扬，"在人的心灵里搞建设"，彰显出日益强劲的中国精神、中国价值、中国力量，托举起跨越百年的光辉梦想——中华民族伟大复兴中国梦。

　　"把核心价值观宣传放在核心位置"的办报理念正是建立在以习近平同志为总书记的党中央建设社会主义核心价值观新理念新实践基础之上的，是来源于对中国人民价值观自信自觉自立、坚信坚持坚守的感染、感动和感奋之中的。

　　作为一份主要面向知识分子的中央主要媒体，思想文化宣传是光明日报的神圣职责。我认为：思想文化宣传的特点，是以价值观作为总开关，要有成功的思想文化宣传，先得有成功的核心价值观宣传。

　　基于这一认识，十八大以来，我们紧跟党中央推进和深化社会主义核心价值观建设的新理念新实践，将创新社会主义核心价值观宣传作为创新思想文化宣传工作的重点，始终把核心价值观宣传放在核心位置，坚持广覆盖、融媒体、全栏目推进核心价值观宣传，坚持深入挖掘优秀传统文化，以文化传播和滋养核心价值观，坚持深入发掘好故事、生动讲述好故事，以先进典型弘扬和引领核心价值观，使核心价值观宣传好看、耐看，使核心价值观更好地走进人们的心灵。

一、广覆盖融媒体全栏目推进核心价值观宣传

社会主义核心价值观建设是面向全社会、全体公民的，必须落实到各个领域各个方面，与此相对应，创新社会主义核心价值观宣传报道，就要做到全方位推进、全领域覆盖。十八大以来，光明日报坚持不懈地在广覆盖、融媒体、全栏目上下功夫，开展了多个重大主题活动，推出了多个重点栏目，刊发了一系列重要报道和文章，从不同角度、不同层面弘扬社会主义核心价值观，实现了高密度、广覆盖、强效果的传播。

（一）广覆盖宣传核心价值观

2014 年以来，光明日报开展了"家风家教大家谈"征文活动、"礼敬中华优秀传统文化"活动，推出了《校训的故事》《新乡贤·新乡村》《企业精神寻访录》《品牌背后的故事》《三严三实·我们这样做》《培育和践行社会主义核心价值观·干部担当》等专栏，实现了培育和践行社会主义核心价值观在家庭、学校、农村、企业、机关等领域宣传报道的全覆盖。

光明日报还综合运用新闻报道、理论评论、诗歌散文等多种形式宣传核心价值观，实现了核心价值观宣传体裁样式的广覆盖。光明日报在一版头条位置推出的《让道德成为市场经济的正能量》《君子文化与社

会主义核心价值观》等"光明专论"，紧扣核心价值观的重大思想理论问题进行论述，在众声喧哗的舆论环境中发出主流声音，在思想观点的交锋中倡导主流价值，强化人们对培育和践行社会主义核心价值观的认知认同，产生了很大的社会影响。

（二）融媒体报道核心价值观

光明日报积极调动各种新闻元素，充分运用多媒体手段，务求在核心价值观宣传入脑入心上取得实效。

在中宣部的指导下，光明日报与中国人民大学、中国伦理学会合作开展了"核心价值观百场讲坛"活动，2016年起，中宣部宣教局和光明日报联合开展这项活动，通过整合报纸、网站、微信、微博和客户端，以一流专家和践行核心价值观典范演讲、报社内不同终端融合、与兄弟媒体合作宣传的方式，立体传播社会主义核心价值观。目前已开展了36场活动，现场聆听近两万人，收看节目网民近1亿人次，800多万网民参与交流互动。

2014年9月，光明日报推出了《培育和践行社会主义核心价值观·百家经验》专栏。光明网同步推出"百家经验"主题页面和报道专区，配发大量图片和微视频，并在首页重点推介。光明日报法人微博发起"百家经验·我们的价值观"话题，与微友互动交流。不同媒介的报道形成了整合传播效果，融媒体传播方式有效拉近了"百家经验"与受众的距离。

（三）全栏目传播核心价值观

光明日报通过不同内容层次、不同刊发频率专栏的合理搭配，实现了核心价值观宣传的全栏目融入。《培育和践行社会主义核心价值观》是光明日报的一个常设栏目，从2012年底推出以来，已刊发160多篇报道，2015年以来，光明日报还立足自身特色，精心策划推出了《地名的故事·那些历史那些乡愁》《我的座右铭·当代国人的修身故事》《新邻里·新民风》等一批产生广泛影响的核心价值观宣传原创专栏。同年4月30日，在五一劳动节前夕，光明日报策划推出了《劳模家书》专栏报道，生动讲述劳模家书背后的感人往事，呈现劳模的内心世界、美好情怀，抒写广大劳模"爱岗敬业、争创一流，艰苦奋斗、勇于创新，淡泊名利、甘于奉献"的崇高精神和价值追求，唱响了劳动光荣、创造伟大的时代强音。

二、以文化传播和滋养社会主义核心价值观

培育和践行社会主义核心价值观是一项系统工程，其中一个重要方面就是依靠文化的滋养，并通过文化来传播。光明日报的特色在文化、优势在文化。我们立足自身特色和定位，在社会主义核心价值观宣传报道中突出文化特色，突出文化内涵，通过文化的滋养和催化，使核心价值观宣传报道直指人心。

（一）发掘中华优秀传统文化，深耕厚培当代价值。

中华优秀传统文化蕴含着丰富精神价值、深厚的道德资源，光明日报从中发掘符合当今时代需要的思想价值，深耕厚培当代价值。

家庭是德行培育和文化传承的第一驿站，家风家教具有优先、初始的文明和文化意义。光明日报与中央电视台开展的"家风家教大家谈"征文，上通文脉、下接地气，激发了众多读者对家风家教文化内涵的深入探寻，唤醒了广大民众对家风家教文化育人的美好记忆。

乡贤文化是中华文化的宝贵资源，蕴含丰富的人文道德力量。光明日报推出的《新乡贤·新乡村》系列报道深入挖掘浙江、广东、湖南等地传承乡贤文化、进行乡村治理的新鲜故事与经验，刊登的专家学者访

谈和专论，深刻阐释了乡贤文化对传播和滋养核心价值观的重要意义。这一报道得到中央领导同志的充分肯定。在中央领导重视和中宣部推动下，现在各地呈现出宣传推崇新乡贤、继承创新乡贤文化、滋养弘扬核心价值观的热潮。

（二）提炼不同领域文化内涵，与核心价值观交集共振

十八大以来，光明日报深入研究家风文化、校训文化、乡贤文化、企业文化、邻里文化和地名文化，开掘和提炼其中与社会主义核心价值观相贯相通的精神价值，通过《校训的故事》《新乡贤·新乡村》《品牌背后的故事》《新邻里·新民风》《地名的故事·那些历史那些乡愁》等专栏专题系列报道，传播和弘扬这些领域文化中蕴含的高尚精神追求和崇高价值理念，使不同领域文化内容与核心价值观形成交集和共振，很好地促进了核心价值观入脑入心。

2014年4月，光明日报推出了《校训的故事》专栏报道，通过阐发校训的由来、传承和发展，讲述知名大学校训背后的故事和优秀校友成长的历程，展现了校训蕴含的精神追求和文化特质，凝聚了广大师生的价值认同。刘奇葆同志到光明日报调研时，对《校训的故事》专栏给予充分肯定，并要求发挥校训对传播和涵养核心价值观方面的作用，让校训成为广大师生的行为规范和学校的优良风气。按照奇葆同志指示，光明日报进一步推出"校训的故事·忆述""校训文化专家谈""校训传播核心价值观·寻思录""校训的故事·开学第一课"等新系列，使校训报道更加丰满、更加生动，并随后与中宣部、教育部一起，成功举办了"大学校训传播社会主义核心价值观"研讨会。

2015年3月，光明日报与民政部区划地名司合作推出了"地名的故事·那些历史那些乡愁"系列报道，寻访地名流变背后的乡愁故事，追踪地名乱象治理的经验得失，探讨地名文化建设的思路和对策，很好地传播了地名文化知识，弘扬了社会主义核心价值观，受到广泛关注。

三、讲好故事，用先进典型弘扬和引领核心价值观

先进人物、先进典型犹如一面镜子，其言行故事蕴藏着砥砺人心、烛照时代的精神力量。十八大以来，光明日报致力于发现和发掘并生动讲述有光明日报特色的"中国故事"。光明日报特色的"中国故事"，主要是一批典型人物和他们的精彩故事，是一批中国知识分子爱国奉献、创业创新的故事，是一批文化和文化人的故事，其中很多成为时代楷模、道德模范，入选"感动中国人物"。这些人物、这些故事充分展现了中国人民真善美的精神世界、道德力量，传播和弘扬了社会主义核心价值观。

（一）发掘典型人物的当代价值，讲富于时代气息的好故事

在典型人物报道中，光明日报注重站在党和国家工作大局，把握时代变革与发展的大主题，发掘典型人物身上道德品质、人生追求的当代价值，讲富于时代气息的好故事。

十八大以来，全面推进从严治党、大力反腐倡廉成为党和国家的重要工作。2015年2月6日，光明日报在副刊《光明文化周末》以整版篇幅，刊发纪实散文《一位财政部长的两份遗嘱》，讲述了已经去世10年的财政部原部长吴波廉洁自律的故事，在反腐倡廉的形势下，向人们呈现了一个共产党人应有的高尚形象。文章被多家主流网站转载，得到多个有影响力微信公号的推送。当年两会期间，中央新闻单位随即对吴波的先进事迹进行了集中报道，淡泊名利、克己奉公的"吴波精神"一经传播，立刻赢得众口称赞。

（二）以发现的眼光和关爱的情怀，讲述普通人不平凡的故事

光明日报推出的很多典型人物，都是记者在深入基层中发现的。为了一个典型人物的报道，光明日报的记者可以连续几年跟踪关注，持续数月贴身采访，再花几周打磨成稿。秉承这种向广度和深度不断拓展的理念，光明日报逐渐形成了以"发现的眼光和关爱的情怀"来讲述核心价值观故事的特色思路。

2014年5月29日，光明日报一版头条刊发《在泥土中，叩问生命的意义——记时代楷模、农业科学家赵亚夫》。光明日报记者、"范长江新闻奖"获得者郑晋鸣在基层蹲守、深入采访的基础上，报道了农业科学家赵亚夫53年扎根农村，从扶贫式开发到致富式开发再到普惠式开发，用自己独特的"三部曲"创新"三农"发展模式，带领村民走上新型农业小康之路的故事。赵亚夫身上的担当和"探路人"气质，感染和鼓舞了很多人，被誉为"点燃大地的活雷锋"，并获得"时代楷模"的称号。2014年底，习近平总书记在江苏考察时，深入镇江市世业镇先锋村农业园调查了解现代农业发展情况，同赵亚夫同志进行了亲切交谈，赞扬他做给农民看、带着农民干、帮助农民销、实现农民富，赢得了农民群众爱戴，"三农"工作需要一大批这样无私奉献的人。

（三）让典型有"烟火气""人情味"，讲人类共通情感的好故事

在典型人物报道中，光明日报不求高大完美，而求可亲可信，将注意力更多地投向普通人的悲欢离合、命运变迁，挖掘先进典型身上的"烟火气""人情味"，讲人类共通感情的故事，让不同的人群在潜移默化中接受和认同社会主义核心价值观。

2013年6月17日，光明日报一版头条刊发通讯《听油菜花开的声音》，报道农民沈昌健一家35年前赴后继、矢志不渝培育超级杂交油菜的故事。记者把沈昌健、沈克泉父子还原到现实生活中，在矛盾冲突中展现人物的追求，讲述他们在没有任何经济回报情况下，经历一次又一次的实验失败，承受各种冷嘲热讽，全力培育杂交油菜的经历。报道依靠细节和情节呈现人物的内心世界，生动展示了中国梦与普通人的深刻关联。多家媒体特别是网络媒体跟进报道，"油菜花父子"成为2013年"感动中国人物"。在有关这篇报道一个的报告上，中央领导批示"讲好故事事半功倍"。

四、对创新社会主义核心价值观宣传的思考

核心价值观宣传是光明日报新闻报道的一大亮点和核心竞争力。总结十八大以来光明日报在核心价值观宣传方面的创新探索，可以得到以下启示：

（一）核心价值观宣传要顺应大势主动融入全党工作大局

2013年8月19日，习近平总书记在全国宣传思想工作会议上强调，宣传思想工作一定把围绕中心、服务大局作为基本职责，胸怀大局、把握大势、着眼大势，找准工作的切入点和着力点，做到因势而谋、应势而动、顺势而为。核心价值观的宣传也必须顺应大势，主动融入全党工作大局，掌握好时、度、效，这样才能达到理想的传播效果。这些年，光明日报在核心价值观报道中注重紧密联系全党工作大局，同时注意结合当代受众的思维习惯、接受心理，发现、发掘生动感人的典型，讲述和描写内涵丰厚的故事，设置和聚焦具有浓郁文化特色的话题和议题，从而激发受众情感共鸣、达成社会共识。如在中央全面从严治党、深入反腐倡廉的大形势下，光明日报推出财政部原部长吴波廉洁自律的感人报道，契合了公众对共产党人应有形象的期待，取得了很好的宣传效果。

在大众创业、万众创新风起云涌之际，讲述沈昌健父子不畏艰辛、创业创新的故事，生动展现了"油菜花父子"的"中国梦"，产生"事半功倍"的宣传效果。同样，家风家教、校训校风、座右铭，乡贤文化、地名文化、邻里文化系列报道之所以产生广泛的传播力和影响力，原因也正在于此。

（二）把讲好故事作为增强核心价值观宣传吸引力感染力的重要手段

中央领导"讲好故事事半功倍"的批示，为新闻媒体增强核心价值观宣传的吸引力感染力指出了一条有效途径。我认为：讲故事区别于讲道理。讲道理是宣传的内核，如果没有包装，内核就会陷于抽象。而讲故事，是再现具象元素、使受众进入生动场景的方法，是使讲述内容与受众最贴近的方法。光明日报的核心价值观宣传注重讲故事，在典型人物报道中，突出以人们共通的情感和价值追求为出发点讲述故事，让读者读起来"感同身受"。两年多来，光明日报又在努力讲文化和文化人的故事，通过讲故事的方式，深入挖掘优秀传统文化当代价值，传播和滋养核心价值观，显示了很强的吸引力、感染力、传播力、引导力。

（三）适应媒体格局变化大势不断创新核心价值观传播方式

随着互联网尤其是移动互联网的发展，人们的注意力已发生大规模的迁移，"两微一端"等新兴媒体日渐成为人们获取信息的重要渠道。核心价值观的宣传必须适应这种变化，创新传播方式，做到人在哪里，阵地就拓展到哪里。光明日报注重以融媒体方式宣传核心价值观，在"核心价值观百场讲坛"活动中，充分发挥各媒介特性，让各种媒体融会互动，产生传播场的化学反应，使每一场活动都形成一个融媒体产品，取得了优良的传播效果。"核心价值观百场讲坛"现已成为"宣传社会主义核心价值观的标杆性活动"，得到刘云山、刘奇葆等中央领导的充分肯定。这给我们一个启示，媒体融合发展是宣传思想文化工作创新和核心价值观宣传创新的重大任务，要把核心价值观宣传创新和媒体融合发展紧密结合起来，在网上和社交媒体上唱响社会主义核心价值观的主旋律。

2016年新春伊始，习近平总书记在北京主持召开党的新闻舆论工作座谈会并发表重要讲话，高屋建瓴地提出新闻媒体"高举旗帜、引领导向，围绕中心、服务大局，团结人民、鼓舞士气，成风化人、凝心聚力，澄清谬误、明辨是非，联接中外、沟通世界"的职责和使命。光明日报要牢记这些职责和使命，继续坚持把核心价值观宣传放在核心位置，进一步深化和强化党中央推进社会主义核心价值观建设的战略部署和宏伟实践的宣传报道，进一步用文化传播和滋养社会主义核心价值观，进一步发掘好讲述好核心价值观的故事，为使社会主义核心价值观"像空气一样无所不在、无时不有"，成为"百姓日用而不觉的行为准则"，为支撑起公民的精神高度和社会的文明程度，为构建"一个民族赖以维系的精神纽带"和筑牢"一个国家共同的思想道德基础"贡献应有的力量。

为国家立心 为民族铸魂

——十八大以来党中央推进和深化
社会主义核心价值观建设纪实

每个走向复兴的民族，都离不开价值追求的指引；每段砥砺奋进的征程，都必定有精神力量的支撑。

这种追求，虽百折而不挠；这种力量，"最持久最深沉"。

正如习近平总书记所言："人民有信仰，民族有希望，国家有力量。"

为国家立心，为民族铸魂。十八大以来，党中央大力推进、持续深化社会主义核心价值观培育和弘扬，"在人的心灵里搞建设"，久久为功，驰而不息。

以马克思主义科学理论为指导，以当代中国社会主义实践为基石，以历久弥新的优秀传统文化为滋养，强基固本的灵魂工程建设，凝聚起社会共识的"最大公约数"，彰显出日益强劲的中国精神、中国价值、中国力量，托举起跨越百年的光辉梦想——中华民族伟大复兴中国梦。

（一）提炼、提升、提振
——寻找"一个民族赖以维系的精神纽带"，筑牢"一个国家共同的思想道德基础"

2012年11月29日，国家博物馆。

面对"复兴之路"展览呈现的壮阔历史，习近平总书记郑重提出"中国梦"，并庄严承诺："到中国共产党成立100年时全面建成小康社会的目标一定能实现，到新中国成立100年时建成富强民主文明和谐的社会主义现代化国家的目标一定能实现，中华民族伟大复兴的梦想一定能实现。"

黄钟大吕之音，富民强国之情。

在举国热望与世界瞩目中，以习近平同志为总书记的党中央带领中国人民开始了又一段壮阔航程。

然而，这艘扬帆航行的巨轮，面对的并非"潮平两岸阔"。在纷繁复杂的国际国内形势面前，能够充当"压舱石、定盘星"者，唯有坚若磐石的核心价值观。

从习近平总书记一次次语重心长的论述中，可以窥见党中央对核心价值观作用的清醒认识——

"核心价值观，承载着一个民族、一个国家的精神追求，体现着一个社会评判是非曲直的价值标准。""核心价值观是一个民族赖以维系的精神纽带，是一个国家共同的思想道德基础。如果没有共同的核心价值观，一个民族、一个国家就会魂无定所、行无依归。"

倡导富强、民主、文明、和谐，倡导自由、平等、公正、法治，倡导爱国、敬业、诚信、友善。党的十八大报告提出的"三个倡导"，明确了社会主义核心价值观的基本内容，中华民族在新时代的精神旗帜昂然树起。

三年来，无论治国理政事务如何繁杂，以习近平同志为总书记的党中央始终把推进社会主义核心价值观建设视作重大战略工程，毫不松懈。

提高国家文化软实力；培育和弘扬社会主义核心价值观、弘扬中华传统美德；中华民族爱国主义精神的历史形成和发展——中央政治局集体学习中，第十二次、第十三次、第二十九次的主题均与核心价值观建设紧密相关。社会主义核心价值观的要义、内涵、作用等，在治国者们的学习与讨论中愈加清晰。

2013年12月，中共中央办公厅印发《关于培育和践行社会主义核心价值观的意见》，明确提出：以"三个倡导"为基本内容的社会主义核心价值观"是我们党凝聚全党全社会价值共识作出的重要论断""为培育和践行社会主义核心价值观提供了基本遵循"，并全面阐述了培育和践行社会主义核心价值观的意义、原则、途径和方法，对这一"铸魂工程"作出了新的战略部署。

"用共同理想信念凝聚民族意志，用中国精神激发中国力量，动员全体中华儿女共同创造中华民族新的伟业。"正如习近平总书记在庆祝中华人民共和国成立65周年招待会讲话中指明的那样，提炼并确立社会主义核心价值观基本内容，提升理想信念、价值取向在国家治理中的层次地位，提振全体社会主义建设者的进取信心，新一届党中央精准发力，用非凡的中国精神凝聚起强大的中国力量。

（二）自信、自觉、自立
——抓住价值观自信这个"关乎民族精神独立性的大问题"，
以传统文化涵养核心价值观，抵御错误思潮侵扰

2012年11月17日，十八届中共中央政治局第一次集体学习。

"理想信念就是共产党人精神上的'钙'，没有理想信念，理想信念不坚定，精神上就会'缺钙'，就会得'软骨病'。"新一届中央领导集体如何带领全国民众，坚持和发展中国特色社会主义？习近平总书记给出的答案之一，是"坚定理想信念"。

理想信念是价值观的核心要素。对理想信念的坚信、坚持与坚守，源自内心价值观的自信、自觉和自立。

精当表述背后，是党中央对价值观问题的长久思考与不懈求索。正如中共中央政治局常委、中央书记处书记刘云山多次强调的那样，增强价值观自信"是关乎民族精神独立性的大问题"，"有自信才会有自觉，有自信才会有清醒，有自信才会有定力"。

对自身的价值观信心坚定，方可始终保持对中国特色社会主义的道路自信、理论自信、制度自信、文化自信。

价值观并非无本之木，而是有根有源；自信并非凭空而来，实为有理有道。

我们的价值观，根源自马克思主义科学理论指导下凝聚的"胆气"——

党的十八大以来，马克思主义中国化理论创新成果喜人，进一步增强了我们的价值观自信。

我们的价值观，根源自中国特色社会主义实践伟大成就奠定的"底气"——

中国作为世界经济"火车头"的地位仍然稳定，经济"新常态"下备感艰辛却砥砺前行的三年，验证着中国特色社会主义道路的正确方向。"这条道路既不是'传统的'，也不是'外来的'，更不是'西化的'，而是我们'独创的'，是一条人间正道。"习近平总书记的话语充满了力量，揭示了这条道路的独特魅力。

我们的价值观，根源自中华传统文化滋养的"志气"——

"中国人独特而悠久的精神世界，让中国人具有很强的民族自信心，也培育了以爱国主义为核心的民族精神。""中华优秀传统文化是中华民族的精神命脉，是涵养社会主义核心价值观的重要源泉，也是我们在世界文化激荡中站稳脚跟的坚实根基。"习近平总书记多次阐明传统文化与核心价值观之间的关系，并通过考察曲阜孔府、过问贵州孔子学堂办学情况、了解《儒藏》编纂等不断提醒国人：传统中有我们的精神基因，文化中有民族的志气底蕴。

一手"培土夯基"，稳固传统文化之根基，以中华优秀传统文化涵养社会主义核心价值观。

倡导优良家风。"不论时代发生多大变化，不论生活格局发生多大变化，我们都要重视家庭建设，注重家庭、注重家教、注重家风，紧密结合培育和弘扬社会主义核心价值观，发扬光大中华民族传统家庭美德。"2015年除夕来临之际，习近平总书记在春节团拜会上特意强调。家教家风成为推进社会主义核心价值观落地生根的重要抓手。2016年1月1日实施的《中国共产党廉洁自律准则》中，"廉洁齐家，自觉带头树立良好家风"上升为党员领导干部的基本要求。

培育乡贤文化。乡贤文化是中国君子文化的典型代表，它根植乡土，蕴含着见贤思齐、崇德向善的力量。十八大以来，各地既重"古贤"又重"今贤"，重构乡村本土文化，敦厚民心民风，激励向上向善，有力促进了社会主义核心价值观在乡村扎根。

重视传统节日。十八大以来，由中宣部、中央文明办主办的"我们的节日"主题活动秉承"长中国人的根、聚中国人的心、铸中国人的魂"宗旨，以民族传统节日为契机弘扬中华优秀传统美德，让传统节日成为爱国节、文化节、道德节，情感节、仁爱节、文明节，彰显了节日文化内涵，树立了节日新风。

一手"拨云见日"，破除错误思潮之迷障，在西方价值观攻势面前岿然不动。

社会主义核心价值观的每个关键词，既根源于中华优秀传统文化，又充分吸取了现代人类文明的优秀思想，"实际上回答了我们要建设什么样的国家、建设什么样的社会、培育什么样的公民的重大问题"，与西方价值标准有着清晰分野——

"富强、民主、文明、和谐"的国家价值目标，与"五位一体"总体布局紧密联系，彰显了中国特色社会主义的广阔前景；

"自由、平等、公正、法治"的社会价值取向，与国家、公民两个层面上下衔接，是推进社会治理创新的根本遵循；

"爱国、敬业、诚信、友善"的公民价值准则，外化为道德建设与行为准则，体现了社会文明水准与国家精神风貌。

坚定的价值自信，扎根于中华大地。任尔千磨万击，不惧狂风乱吹。

（三）落细、落小、落实
——使社会主义核心价值观"像空气一样无所不在、无时不有"，成为"百姓日用而不觉的行为准则"

认识的深化与升华，带来行动的提升与飞跃。党的十八大以来，社会主义核心价值观弘扬与践行更重顶层设计、更富内在驱动，渗透到治国理政各个环节，浸润于社会生活方方面面，尽显其"为益之大，收功之远"。

2015年9月3日，中国人民抗日战争暨世界反法西斯战争胜利70周年纪念大会阅兵现场。

300余名抗战老兵组成的乘车方队率先经过天安门城楼。苍苍白发，熠熠勋章，微微颤抖的军礼表达着对祖国强盛的敬意。掌声如潮水般涌起，泪水模糊了无数双眼睛。

2015年12月13日，南京大屠杀死难者国家公祭仪式在南京市侵华日军南京大屠杀遇难同胞纪念馆举行。这是2014年2月底全国人大以立法形式将12月13日设立为南京大屠杀死难者国家公祭日之后，我们第二次以国之名悼念逝者。首个公祭日，习近平总书记出席公祭仪式并发表重要讲话。

"爱国"，世人深知这份情感的可贵。十八大以来，以习近平同志为总书记的党中央高扬爱国主义旗帜，把弘扬伟大的爱国主义精神作为核心价值观建设极为重要的任务贯穿到国民教育和精神文明建设全过程，利用各种时机和场合，生动传播爱国主义精神，引导人们"树立和坚持正确的历史观、民族观、国家观、文化观，增强做中国人的骨气和底气"。

2014年12月4日，首个国家宪法日，最高人民法院。

"忠于祖国，忠于人民，忠于宪法和法律，忠实履行法官职责，恪守法官职业道德，遵守法官行为规范，公正司法，廉洁司法，为民司法，为维护社会公平正义而奋斗！"40余名来自最高法院和地方法院的模范法官面向宪法和国旗庄严宣誓。

此前一个多月，十八届四中全会通过《中共中央关于全面推进依法治国若干重大问题的决定》，开启了中国法治新时代。

此后，党中央秉持"依法治国和以德治国相结合"原则，一面健全有效防范和及时纠正冤假错案的工作机制，重铸法治底线，一面把核心价值观融入法治建设，用善法良策的刚性约束有力支撑核心价值观建设，强化人们的道德判断力和道德责任感。

2016年1月3日，北京朝阳区人民法院通过媒体公布269名"老赖"

名单，限制他们进行高消费，某歌手赫然在列。1月4日，法院执行法官即收到该歌手的还款彩信凭证。

十八大以来，在党中央指导和推动下，有关部门针对群众反映强烈的突出问题进行专项整治，用反面典型警示人，把歪风邪气压下去。"两高"出台打击网络谣言的司法解释，一批网络"大谣"认罪服法；中央文明委印发《关于推进诚信建设制度化的意见》，通过曝光、限制高消费等一系列举措打击各种"老赖"行为，有效遏制了不诚信现象蔓延。

社会主义核心价值观的弘扬与践行，无所不在，无处不有。2015年4月，中央宣传部、中央文明办印发《培育和践行社会主义核心价值观行动方案》，分解出30多项重点任务。按其部署，核心价值观"融入经济社会发展，融入人们生产生活，融入家庭家风家教"，富有实效的创新手段不断涌现。

一方面抓好重点人群，稳固核心价值观的根与魂。

"打铁还需自身硬"，领导干部这个"关键少数"必须成为践行社会主义核心价值观的先行者、好样本。八项规定、群众路线教育实践活动、"三严三实"专题教育、"打虎拍蝇"……一系列举措显著净化了政治生态，党员领导干部带头走正路、干正事、扬正气，有效激发了全社会崇德向善的正能量；"人生的扣子从一开始就要扣好"，核心价值观培育从少年儿童抓起，从青年学生抓起，融入国民教育全过程，为未来整个社会的价值取向夯基垒土。

一方面注重全面覆盖，放大凡人善举、平凡英雄的光与热。

全国道德模范评选、时代楷模发布、感动中国人物表彰，"身边好人""寻找最美"……三年来，舍己救人的"最美教师"张丽莉，捐资助学、扶贫济困的将军夫人龚全珍等无数道德灯塔在全国挺立，照亮了整个社会的价值星空。道德模范形成了强大的示范效应，学雷锋、志愿服务在大江南北蔚然成风，与文明城市、文明村镇、文明单位、文明家庭、文明校园等创建活动同频共振。善行河北、安徽好人、感动浙江……从一个身边好人的凡人善举，到一群道德模范的身先士卒；从一座城市的好人频出，到一个社会的崇德尚善。细水长流的日常熏陶，使人们从心底迸发出对善的敬重、对美的向往，成为这个时代最引人瞩目的精神力量。

一项项治理举措扎实有力，一个个道德痼疾得以疗治。三年来，社会风气发生潜移默化的变化，时代精神风貌开始逐步重塑。高远的价值追求在切近的现实生活中扎下根须，旺盛生长，支撑起公民的精神高度和社会的文明程度。

（四）交流、交融、交汇
——从世界多彩文明中汲取丰富营养，为人类共同价值贡献东方智慧

1月21日，在对伊朗进行国事访问之际，习近平署名文章《共创中伊关系美好明天》见诸《伊朗报》。饱含历史与情感的文字，尽显今日中国敞开怀抱、文明互鉴的真诚心愿。

今日中国，携5000年悠久文明精髓对接全新时代。"一带一路"构想赢得60多个国家响应，亚洲基础设施投资银行成功开业，加入上百个政府间国际组织，签署300多个国际公约，在亚太经合组织、上海合作组织、二十国集团、金砖五国等重要多边合作机制中担任重要角色。随着朋友圈越来越大，我国提出的"亲诚惠容"等外交理念深入人心，以合作共赢为核心的新型国际关系构建有力，打造人类命运共同体、责任共同体、利益共同体的倡导引起广泛共鸣。

以习近平同志为总书记的党中央引领当代中国，以新的理念新的姿态健步走向世界舞台中央。

2015 年 9 月 28 日，纽约联合国总部。

"'大道之行也，天下为公。'和平、发展、公平、正义、民主、自由，是全人类的共同价值，也是联合国的崇高目标。目标远未完成，我们仍须努力。"习近平出席第七十届联合国大会一般性辩论并发表重要讲话。

掌声如潮，经久不息，传递着世界各国对中国领导人倡导"全人类共同价值"，坚持多边主义、奉行多赢共赢新理念的高度肯定。

"全人类共同价值"，是对"人类命运共同体"在思想理念层面的深度挖掘，是对世界各国自觉奉行的价值准则的高度概括。它反映着世界最广大民众的价值理想、价值愿望和价值追求，是人类处理各类关系的共同准则。

但是，"全人类共同价值"不是西方所谓的"普世价值"——

"普世价值"是和"普世模式"连在一起的，它折射的是某些西方国家的强权和霸道。一些西方国家以居高临下的姿态，宣扬所谓"普世价值"，其实质是推销自己的"民主国家体系"和"自由体制"，用自己的尺子来衡量世界。他们不管一个国家、民族的意愿和实际，要求各文明参照他们的标准进行自我改造和转型，"普世价值"只是维护其世界统治地位、实现其最大利益的工具。

而在"全人类共同价值"面前，各个国家和民族是平等的，也是自主的。它承认和平、发展、公平、正义、民主、自由是大家都认可的价值观，大家都在为之努力，但每个国家的历史文化、发展阶段不一样，在追求的过程中有先有后，要正视这种差异。任何国家都不能简单地否认他国的努力，把自己的模式强加到别国头上。

"民主和人权是人类共同追求，同时必须尊重各国人民自主选择本国发展道路的权利。"2015年9月25日，习近平主席在同美国总统奥巴马共同会见记者时的回答掷地有声，清晰地表明了中国的立场。

这三年来的理论探索和实践表明：社会主义核心价值观与"全人类共同价值"是内在相通的——

中国文明的发展不是站在人类现代文明之外的发展，而是主动融入、引领世界潮流的发展。社会主义核心价值观，既植根于5000多年中华文明的丰厚土壤，也汲取着全人类共同文明成果和共同价值的丰富营养，它是全人类共同的文明成果和共同价值的升华和具体体现。

中国特色社会主义建设取得的巨大成就，早已确证中国道路对世界和平发展的重要启示意义，彰显中国道路向前延展的价值理念支撑，也因此成为"人类共同价值"宝贵的智慧资源，不断为世界各国尤其是发展中国家提供极富价值的参考。

社会主义核心价值观，是中国对全人类共同价值的重要贡献，也是中国对人类文明包容互鉴所作的郑重承诺。

这三年来的理论探索和实践同时表明：作为中国特色社会主义事业的基本价值引领，社会主义核心价值观与所谓"普世价值"有本质的区别。社会主义核心价值观所倡导的民主，是人民民主、是人民当家作主；自由，是人民民主专政下的自由，是同纪律有机统一的自由；公正，是人人平等、人人享有的公正；法治，是坚持党的领导、人民当家作主、依法治国有机统一的法治……

只有生长于本民族文明土壤中的价值观，才能对"全人类共同价值"提供文明互鉴的独特价值；只有代表人类前进方向的价值观，才能对世界产生感召力和影响力。

从"和谐中国"到"和谐世界"，从"社会主义核心价值观"到"全人类共同价值"，从人类"命运共同体"到"价值共同体"，中国不断基于成功实践为世界贡献理念与价值，也拓展与增进世界各国对中国理念、中国价值的认同。

"亚洲发展的美好愿景，同国家富强、民族振兴、人民幸福的中国梦是相通的。"马来西亚总理纳吉布说。

"中国的梦想不仅关乎中国的命运，也关乎世界的命运。"英国《金融时报》刊文称。

这让人回想起 2014 年 5 月 4 日，回想起总书记与北京大学师生座谈时对"青年要自觉践行社会主义核心价值观"的殷殷期望，回想起总书记那番充满自信的话语：

"站立在 960 万平方公里的广袤土地上，吸吮着中华民族漫长奋斗积累的文化养分，拥有 13 亿中国人民聚合的磅礴之力，我们走自己的路，具有无比广阔的舞台，具有无比深厚的历史底蕴，具有无比强大的前进定力。"

这是向世界传递的中国声音，这是向世界表达的中国信心。

今天，"十三五"新航程正在开启，全面建成小康社会只待冲刺，中国迎来了实现复兴梦想的关键节点。

以中国之名，因人民之托，我们扬高尚精神阔步前行，我们拥磅礴之力坚定逐梦！

（新华社北京 2 月 4 日电，人民日报、光明日报 2 月 5 日一版头条刊发，作者为光明日报记者王斯敏、谢文、张春丽）

目录

地名的故事，那些历史那些乡愁

目录

保护地名遗产，就是延续历史文脉

乡愁乡情皆在其中，至真至善跃然纸上

目录

后记

地名的故事，那些历史那些乡愁

地名，可谓「历史的活化石」。我国历史悠久、幅员辽阔，浩如烟海的地名记载着中华民族对自然环境和人文环境的认识和思考，寄托着人们的「乡情乡愁」。近些年，许多古老地名消失了，热衷起洋名、乱改老地名、随意起名等现象屡见不鲜，折损了城乡魅力。

二零一五年三月，光明日报开设《地名的故事·那些历史那些乡愁》专栏，寻访地名流变背后的乡愁故事，梳理地名乱象治理的经验得失，探求地名规范管理的制度建设。

胡同里的乡愁

董城　张景华[1]

砖塔胡同、百花深处、杨梅竹斜街……大约从13世纪的元代开始，北京城有了成建制的胡同，其发源地在今天北京市西城区的宣南一带。西城又被称为京城营城、建都肇始之地，现存胡同500多条。

数百年里，一代代北京人在胡同里走进走出。胡同里承载过的春夏秋冬、生活方式、人情冷暖，总在不经意间触碰着北京人的心灵。

这是北京人挥之不去的乡愁。

忆胡同 记住乡愁、延续文脉

"全城有如棋盘一样的规划，美善之极，无可言宣。"740年前，马可·波罗来到元大都，看到了北京胡同最初的面貌。

春秋战国时期《考工记》中所述"九经九纬"原则，奠定了如今北京城的胡同格局。北京城之文脉就此发端，生生化化。

何为文脉？老北京人的理解是，千百年前先人的智慧依然

---

1 董城、张景华为光明日报记者。

影响着今人的生活。而乡愁，就是为文脉延续保驾护航的使者。

土生土长在北京城，大学毕业后成为外企白领的崔勇从没想到，自己的人生命运会因乡愁而瞬间改变。

"'我爷爷小的时候曾在这里玩耍'，唱的就是我们家。"崔勇说，"我家，六代老北京，高祖一辈置下的房产，还在。"

乡愁，悄然而至。大学毕业后的一天，小崔在家里一间平房的床底下发现了一个装满发黄纸张的旧脸盆，里面竟装着曾祖父写的回忆录，曾祖父1916年大学毕业时的同学录，德国摄影师20世纪20年代为崔家拍摄的全家福。顺藤摸瓜，崔勇找到了高祖身为清朝翰林的资料，找到了祖先题写的《重建文昌祠碑记》拓片，家族面貌渐次清晰……

尘封百年，乡愁泛漾而出。小崔的心，从此在乡愁之中安营扎寨。

辞去外企高薪职位的崔勇，选择开了一家书店，名为正阳书局。书局的开法儿着实"任性"，只卖"北京人写的""写北京人的"和"在北京写的"三种书。

品胡同 天地雨露、花鸟鱼虫

低调，是北京胡同与生俱来的品格。

乍一看都是灰墙灰瓦，但北京每个胡同都有自己的故事。

北京西城区新街口南大街，是首都核心城区最繁华，也是最拥堵的道路之一。街两侧，密布着宽宽窄窄二十几条胡同。

"闻武，听说上海《新民报》上有篇好文章，快去找来！"65年前一个深秋之夜，一位年逾六旬的老人推开胡同里的一扇大门。直到百岁高龄，京剧史论家许姬传还是不能忘记，梅兰芳大师一回家就迫不及待点名要看的，是一篇题为《谈迤逗就正于梅兰芳先生》的批评报道。大师的执着与襟怀，连同记忆，一齐在护国寺街9号厚重的门阃上定格。

此间另一处名声赫赫的胡同，非"百花深处"莫属。"无花少景不成荫"，百花深处缘何凭着墙上的几只蜗牛就能令老舍先生看得出神？缘何让陈凯歌、唐朝乐队、陈升等文化人情有独钟？这力量，或许就来源于乡愁。

令人称奇的是，古都北京街巷地名虽然繁多，但也有一定规律可循，即大多与自然万物、人的生活和方位数量有关。

比如，以"天地日月"命名的天景胡同、地昌胡同、日坛东路、月光胡同；以"风霜雨露"命名的春风胡同、雨儿胡同、甘露胡同；以"花鸟鱼虫"命名的丁香胡同、孔雀胡同、鲤鱼胡同、蚊子胡同；以"衣食住行"命名的黑芝麻胡同、取灯胡同、耳朵眼胡同、炒面胡同。

如今，诸多胡同地名已悄然消失，其或雅或俗的名字蕴藏的生活与逻辑，业已不复存在。

数胡同 察源循理、保护地名

北京城到底有多少胡同？老北京人说："有名的胡同三百六，无名的胡同似牛毛。"民俗学家翁立考证，就广义的街巷胡同而言，元代413条、明代629条、清代2077条、近代

3200条。有关研究显示，1990年北京有胡同2257条，2003年只剩下1571条，而且还在不断减少。至于如今胡同的数量，只有在几年后北京地名普查工作结束后才可得知。

联合国文化遗产保护专员杜晓帆透露，21世纪初，一批中国专家学者开始呼吁保护地名文化遗产。2007年，第九届联合国地名会议议定，地名属于非物质文化遗产，适用《保护非物质文化遗产公约》。

北京大学城市与环境学院教授岳升阳曾带领课题组，对北京宣南地名文化遗产保护开展过一次系统研究。

课题组发现，老地名理应全部保留下来，但现实中仍存在甄别和选择的问题。比如使用了几百年的李铁拐斜街，新中国成立后改名为铁树斜街，到底应留下哪个名字？又如，一些并入大胡同的小胡同，名称还需不需要保留？此外，新中国成立后新设的地名，历经数十年形成了历史沉淀，是否需要保护？

北京市规划委西城分局相关负责人指出，做好地名保护工作是历史文化名城保护的重要内容之一，在城市保护更新发展的过程中，地名的使用主要采取沿用历史地名或由此派生的原则，充分尊重习惯、照顾历史，在对老地名进行历史文化价值评估的基础上，征求社会意见后，确定出最适合使用的历史地名。

2015年2月，全国首个地名编制标准——《北京市地名规划编制标准》在网上公开征求意见。北京市规划委相关负责人介绍，《标准》首次提出应保护地名文化遗产，优先使用历史地名，旧城内地名规划编制中应充分保留历史地名，挖掘地名的历史和文化内涵，根据分级保护原则制定地名分级保护名录。

说胡同 浸润民心、传承创新

2014年世界读书日前夕，西城区将修缮一新的全国重点文物保护单位——万松老人塔院无偿提供给崔勇开设了正阳书局"砖读空间"。每天，都有很多北京人像上班一样，到"砖读空间"来寻访乡愁。

在保护历史和城市发展中做取舍，是很多城市决策者面临的两难选择。

京城胡同看西城。"一手保护、一手利用"，对西城区来说，保护地名不仅意味着延续文脉，更要使之在当今时代发挥作用。

离天安门最近、遗存遗迹最丰富、保护最完整的历史文化街区大栅栏，有一条名叫杨梅竹斜街的胡同——这里曾云集了中华、正中、广益等最知名的书局，出版家沈知芳在此开设了世界书局北京分号；沈从文从湘西来到北京，在这里写出了《边城》《长河》《湘西散记》；鲁迅在北京生活的十年里，经常在这里的饭馆里点上一碗虾仁面，细细品味。

如何让老胡同重现昔日风采？作为北京老城区内保留相对完整的历史文化街区之一，杨梅竹斜街的复兴也曾面临种种难题。

西城区大胆采纳了"城市有机更新软性生长模式"的新方案，尝试摒弃"成片整体搬迁、重新规划建设"的刚性方式，邀请中外优秀的设计和艺术创意项目进驻老街区，发挥设计的作用，引入出版书店、艺廊、工作室、设计商店等安静、有文化品质的业态，使之既融入胡同，又与现代生活方式相结合。

"保护历史和城市发展绝不是对立关系。"西城区委书记王宁表示，只要以创造历史、追求艺术的精神来保护包括地名文化在内的城市文化遗产，带着感情，锲而不舍，就能达到城市发展"古今一同，同声共气"的境界。

岁月流淌中的北京胡同

杜永道[1]

有的北京胡同名称颇有意趣。

南锣鼓巷其实跟"锣鼓"无关。这条胡同挺古老,元大都建成时就有。胡同中间隆起,两头较低,犹如"驼背",居民戏谑地称之"罗锅巷"。清代乾隆年绘制地图,或许嫌"罗锅"不雅吧,改为"南锣鼓巷"。

东城的"孙家坑胡同"其实无坑。明代这儿低洼,雨后积水,行走不便。嘉靖时,副都御史孙继鲁居此,出资将路填平,居民感激,遂称该地为"孙家坑"。

新街口附近"百花深处胡同"的名字充盈着诗情画意。走进去会觉得奇怪:没有"百花"呀。明代万历年间,有位张先生在此买了二三十亩地,开始种菜,后来栽下牡丹、芍药、菊花……群芳争艳,花香四溢,引得街坊们纷纷观赏。昔日芳菲早已零落成泥,而雅致的名称流传至今。

有的胡同名称蕴含着古都历史。

中南海西边那条漫长的南北通道叫府右街,是民国二年

---

1 杜永道为语言文字报原主编。

（1913年）修建的，当时袁世凯的总统府设在中南海。自古以来，中国的房屋多"坐北朝南"，特别是大建筑，例如故宫大殿皆如此。从"坐北朝南"而论，这条胡同在总统府右侧，故起名"府右街"。

美术馆南边有个东厂胡同。这儿在明代是"东厂"即"东缉事厂"所在地。明成祖永乐十八年（1420年）朝廷在此设立的"东厂"，不仅是皇帝直接掌控的特务机关，而且是世界上最早设立的国家情报机构。那年头，谁打这条胡同路过，心里都害怕。

东四往北走不远，横着条钱粮胡同，其实它跟粮食没关系，这儿是清代京城铸造铜钱之地。旗人每年按时领银子和粮食，后来干脆把银钱称作"钱粮"。胡同里的"造币局"也被称为"钱粮局"，这儿便成了"钱粮胡同"。

朝阳门内，有不少胡同的名称中有"仓"字，如"禄米仓""南门仓""海运仓"……明清时代，这些胡同里都有粮仓，粮食是从遥远的江南经大运河漕运而来的。运粮船队抵达朝阳门外码头后，卸下一袋袋大米，用大车咕隆咕隆拉进高耸的朝阳门，分送各个粮仓。胡同名称包含的"仓"字，见证了那个"南粮北调"的时代。

有些胡同名称虽然依旧印在巷口的红牌上，但其所指事物已悄然消逝。

大栅栏是尽人皆知的商业街，原先不叫这个名字，叫廊坊四条。清朝初年，胡同口安装了高大的栅栏，市民便称此地为

"大栅栏"。历经沧桑，栅栏早已不知何去，独特的名字依然活在北京人的话语里。

现如今，有的胡同名字已"名不副实"。

隆福寺西边有条弓弦胡同。小时候，父母常领我们几个孩子穿过这条胡同去蟾宫电影院看电影。父亲曾叹息："这条胡同多直啊，真像一根弓弦。"我向前方望去，路两边老树繁茂，粗壮遒劲的树根拱出地面。这根"弓弦"在拥挤迫压的闹市区直挺挺地向东伸展，显示出一种顽强的韧劲。如今，弓弦胡同早已被新建筑"切割"得所剩无几，年轻人从短短一截"残段"中已无法领悟"弓弦"二字的寓意了。

不少胡同不但名称改了，其间景物也在岁华流转中默默消遁。

东四附近的礼士胡同在清代叫"驴市胡同"，不消说，当时是骡马市场。几年前，还能看见胡同东头墙上一排拴牲口的铁环，它们或许是这段牲畜贩卖史的最后遗迹，随着疾风般的拆迁，如今已荡然无存了。

景山东门外有条东西向的胡同，原先叫景山东街，1965年改名为"沙滩后街"。不光名字变了，风物之变更甚。路北朱红大门乃乾隆时的和嘉公主府，里面的荷花池是个梦幻般的花园。夏日里，粉红鲜润的荷花绽放，金鱼在池中嬉戏，四围绿草如茵，树丛浓密。这儿是我小时候跟伙伴儿们玩耍的天堂。"文革"中被夷为平地，府内府外的居民永远失去了一块恬静的绿地。

明代建成的铁狮子胡同1945年改名为张自忠路。随着道路拓宽，这段路成为平安大道的一段。1926年在铁狮子胡同发生了"三一八"惨案。多年前，我跟八十余岁的父亲从这里走过，他告诉我，当时他在北师大中文系读书，也参加了游行。学生代表还在里面谈判，军警就向请愿者开枪了。段祺瑞执政府门前是个圆形广场，东西有门。留在执政府大门对面影壁上的弹洞均一人来高，足见军警一开始就直接朝群众射击，并未预先示警……

　　广场、大门，跟"铁狮子胡同"的名称一样，随着似水流年远去了，每从这儿穿行，耳畔仿佛响起游行者呼喊的爱国口号和乒乒乓乓的枪声。

地名里的吴文化记忆

苏雁　许学建[1]

"八十多岁的老人，一提起双塔，总是会想起在双塔弄的生活场景，那里有一条蜿蜒的小河，小河边，有坐在竹椅上等他放学回家的外婆……"在苏州市政协文史委主任叶正亭的记忆里，一位早年生活在苏州，之后迁居北京的朋友让他印象深刻。"生活在一个地方，人们总会记得自己住在哪一条小巷、小巷的由来，这些地名像烙印一样刻在人的心灵深处。如果他再次回到这里，连个地名都找不到了，该有多失望。"

苏州是我国首批24个历史文化名城之一，然而，当传统遇上现代，有一些古老的地名退出了历史的舞台。苏州市2011年地名普查数据显示，苏州市范围内，共有4633个历史地名虽记录在册，却已不再使用。

"道路拓宽了、村落消失了，但地名不能就此消亡，待到叶落归根时，还能找到回家的路。"苏州市文保专家徐刚毅对老地名情有独钟，"地名是历史文化教育最直接的老师，也是保护历史文化的最后一道'屏障'！"

1　苏雁为光明日报记者，许学建为光明日报通讯员。

老地名，蕴藏着吴文化的风雅

"龙虎传胪唱，太和哓口墩。国朝经百载，春榜得三元。"在苏州，每一个老地名背后都有一段动人的故事，"三元坊"就是其中之一。

清乾隆四十六年（1781），苏州人钱棨在乡试、会试、殿试连中"三元"，成为清朝开国以来第一个连中"三元"的人。苏州的官员和百姓特地在府学之东用花岗岩筑起雄伟壮丽的牌坊，称"三元坊"。如今，尽管三元坊已不复存在，但因为地名，这段历史仍然保留到了今天。

在苏州，有些地名是根据历史人物命名的，比如以官衔、荣誉命名的文丞相弄、周武状元弄；有些以民间传说来命名，比如"十全街"，原名"十泉街"，《沧浪十八景图咏》中记载："相传淳熙年间，江南大旱，里人造井于此，竟得十眼，涓涓然、晶晶然，冬暖夏凉，不溢不竭，于是众人喜而旱魃去。街因泉兴，泉因街名，十泉街之名自此远播矣。"而类似腌猪河头、韭菜弄、螺丝浜这些让人忍俊不禁的地名，几乎都与老百姓的生活息息相关。

"老地名不单单是代表着一处方位，它的背后还有着众多的歌谣、故事、典故，更是一座城市历史文化的载体。"叶正亭说，苏州的老地名体现的是吴文化的风雅。

苏州入围首批十个"全国历史文化街区"的平江路，不仅以其"人家尽枕河"的江南风情吸引了世界各地的游客，也因诗情画意的老地名吸引文人墨客的情思。住在平江路上的苏州大学老师孙宁华对这里的每一条小巷如数家珍，中文专业毕业的她对这些美丽而古老的名字总是充满了诗意的想象："丁香巷"里是否曾经走过那丁香般的姑娘？"蒹葭巷"里有没有《诗经·蒹葭》里那位在水一方的伊人？"大柳枝巷""小柳枝巷"，到底是因为巷内有婀娜的柳树，还是有着哪个婀娜身姿的柳姑娘呢，最好是都有吧，否则，怎么会有个陶伺郎在那里种几棵相思红豆呢？

"更改地名，不是改几个字那么简单"

"在苏州姑胥桥以东，如今的道前街，原本是由卫前街、府前街、道前街三段组成，这是清朝之前三个大官府衙门所在地。1980年拓宽之后，便统称为道前街，卫前街、府前街便消失了。"谈及苏州地名，徐刚毅有些心痛，明代的苏州府治就在这条路上，现在没了"府前"这个地名，就很难勾起人们对其背后蕴含的文化和历史的兴趣，再过数年，就再无人记得那些历史。

"当然，这也是无奈之举，三条街加起来也就1公里左右，分成三段不利于管理和记忆。"徐刚毅坦言，"道前街"是苏州古城区地名生存状况的一个代表。"伴随现代化的进程，部分地名的消失在所难免。"

从1992年至2002年，十年间，苏州城区共消亡115处老地名，大多是因为城市道路的拓宽、街坊改造等工程。在干将路的扩建过程中，沿线就消失了多贵桥巷、鹰扬巷、双成巷等20

多个老地名。

在苏州与新加坡共建的工业园区湖西片区，东西向的道路为"苏×路"、南北向则为"星×街"，不仅辨识度低，还缺乏与本土文化的融合，原本的地名也因此消失。好在后期建成的湖东片区已经开始将地名与当地文化相结合。方洲路，因为原址是"方前村"和"南洲村"，路名出此组合而成，颇有味道。琼姬墩是个古迹，当地人说那是吴王夫差女儿的墓，也有人说那是张士诚女儿的墓，于是就把附近那条路命名为"琼姬墩路"。

"更改地名，不是改几个字那么简单，背后牵扯着众多的考虑因素。"苏州市民政局区划地名处处长莫俊洪给记者举了个例子，地名办一直希望把"南浩街"和"北浩弄"恢复为"南濠街"和"北濠弄"，但这两个区域内商业发达，一旦改名，就得更改营业执照、身份证等，还会涉及公司专利认证的更改，需要投入较大的社会成本。

登记造册，930个地名有了新"户口"

2014年1月，《苏州市区第一批吴文化地名保护名录》（以下简称《名录》）正式公布。首批名录共收录地名930条，其中自然地理实体地名201条、行政区域地名226条、道路地名303条、纪念地和旅游地地名200条。

"地名纳入《名录》，就像是进了保险箱，原则上不会去改动。如果要改动，也会严格控制，申报后要经过专家、居民等多轮论证。"莫俊洪告诉记者，首批《名录》已编撰成册，将于近期出版，全书约80万字，并配有各类地名图片近300张，详细介绍了每个地名的由来等历史。

《名录》的制作只是苏州保护地名的一个缩影。早在2009年，苏州就颁布了《苏州市地名管理条例》，对地名管理机构设置、地名命名更名原则进行了明确，使苏州开展地名文化建设，保护、传承、弘扬吴文化地名实现了有法可依。

"目前，苏州的地名保护工作还处于收集和管理阶段。2005年，苏州出版了新版《苏州市地名录》，收录各类地名10800多条，其中含消亡地名近1200条。"莫俊洪介绍，苏州还制定了"地名专家咨询制度"，组建了苏州市地名专家咨询组；完善"地名命名、更名论证听证制度"，凡属重大地名的，在命名、更名前，均予以公示，并组织论证或者听证。

"与此同时，苏州正通过提前'介入'的方法控制和指导地名的编制。目前，我们已完成相城区漕湖产业园等地区的地名规划编制工作。其中，仅太湖新城就完成了98条道路、63座桥梁、5条河道等方案设计。这些地名规划与区域历史文化和开发区域功能相结合，一定程度上起到了传承和保护地名文化的作用"，莫俊洪告诉记者，"伴随着《名录》的出版，我们正会同文化、旅游、交通等部门，选择合适的位置和形式，对地名进行'树碑立传'，让不再使用的地名不至于消亡。"

系在乡愁上的"蝴蝶结"

毕玉才　孙庆春[1]

　　出沈阳，向东北，178公里，就是铁岭市的西丰县。396年前，这里是皇家围场；119年前开禁后，大批垦荒者从山东、河北、河南及本省辽南等地涌来，用锄和犁唤醒了这块封禁的田园，也用纸和笔开垦了这块"文化处女地"。天德、乐善、安民、陶然、和隆、玉璞……一个个斯文儒雅的村屯名，不仅寄托了拓荒者崇德向善、平安和合的美好愿望，也温润了这块曾经寂寥的土地，乡风淳朴、民风醇厚，至今仍是这个小县城两块鲜明的"胎记"。

岁出豆粮千万石，县名不愧曰西丰

　　西丰县党史办研究员黄公达老先生对西丰历史颇有研究，据他介绍，明万历四十七年（1619年），清太祖努尔哈赤灭叶赫部，西丰因"境内山岭崇峻、森林茂密、禽兽群集人烟稀少，遂辟为菟狩围猎之场"。

　　277年后，即清光绪二十二年（1896年），关内连年歉收，

1　毕玉才为光明日报记者，孙庆春为光明日报通讯员。

财政收入锐减，加之战争赔款，为了筹措经费，清政府不得不放弃祖宗"成法"，弛禁招垦皇家围场。

历经10年招垦，官府共收价银118万余两，全县已有居民2.7万户，17万多人，出现了"阡陌纵横""地垅相接"的景象。

1902年，西丰建县，因其位于盛京围场的西流水围，又因其开禁6年连年丰收，因而取名"西丰"。有诗赞曰：从来此地树葱茏，环城似带水流东。田家每乐衣食足，商贾无虞道路通。岁出豆粮千万石，县名不愧曰西丰。

半部《聊斋志异》，影响西丰一代文人

277年封禁，只有少数官兵驻扎于此，皇家围场既没守住"龙脉风水"，也由于缺少文化交流，成了一块"文化荒漠"，以至于开禁时没有一个像样的地名。

现如今的郜家店当时叫头营，据传乾隆皇帝曾来此狩猎，首站安营在此，故得此名；而黄柏榆的得名则是因为一棵榆树和一棵柏树长在了一起。还有一些诸如更刻（意为明亮）、屋佳（满族姓氏）、禹甸（意为水曲柳）等满语地名。

放禁招垦首先面临文化启蒙。西丰1902年建县，四年后即创办了第一所完全小学堂和一个师范讲习所，并在本省首创第一所平民夜校。到1923年，全县已有小学148所，学生1万余人，中学96个班2401人。

宣统元年（1909年），西丰县国立图书馆成立。24年后，迎来了这样一个人：他先是做馆员，后来当馆长，手里经常拿

着四册包着蓝布皮的线装书。当时谁也没在意，后来才发现，这书居然是古典名著《聊斋志异》手稿，持书人乃蒲松龄九世孙蒲文珊。

蒲松龄老家在山东，手稿何以落到东北？原来，同治年间，山东大旱，百姓背井离乡闯关东，蒲松龄七世孙蒲价人恰在其中，他临终前将手稿传给大儿子蒲英灏。蒲英灏当时在盛京将军依克唐阿手下任镶蓝旗统领，依克唐阿知道蒲英灏是蒲松龄后裔，便向他借阅《聊斋志异》。蒲英灏先借出上半部手稿，待其阅完后再借另半部。没想到依克唐阿赴京后竟病死家中，半部手稿从此失踪。剩下的半部，蒲英灏临终前，传给了小儿子蒲文珊。恰好蒲文珊在图书馆，半部手稿，影响了西丰一代文化人。

村屯名不仅是优美的诗，还是一部血泪史

1938年，日伪统治时期，为割断百姓和东北抗联三师的联系，实行"归屯并户"，没想到，这一野蛮政策却为西丰地名涅槃提供了一次机遇。一批秀才文人把百姓对美好生活的向往挥洒在村屯地名上。据黄公达老先生介绍，全县1083个村屯名，改变了340多个。

乐善屯放禁开荒时只有从辽南复县来的三户人家，即白景和、孙井春、关魁元，甲长邬文先找杨秀才起屯名，杨秀才根据三家乐善好施而取名乐善。福榆村原来叫福余，人们感念村中一株老榆树，皮扒光了仍"枯而不朽"，故而取名"福榆"。

"望儿楼"是纪念一位母亲，不分昼夜登高眺望远行的儿子，直到眼泪流干，忧死在山上。每一个村屯名都寄托着一个美好愿望，都系着一段乡愁。

村屯名不仅是一首诗，还是一部血泪史。曾在西丰县立中学读书的一批中学生，后来许多人都成了东北抗日救亡运动的先驱。"五·四""五卅""一二·九"运动，"九·一八"事变后成立的"东北人民抗日救国会""东北青年抗日铁血团"，到处都能发现西丰学生的身影。

西丰的地名中，留下了许多仁人志士的名字，如（朱）承泽、（马）洪来、（宁）明德、（王）金海等等。光荣村原来叫柳帽泉眼，后来因为村子里参加抗联和参加解放军的人多，于是就叫光荣村了。

西丰地名成为共产党人为民造福的灵感来源

走过了血雨腥风，西丰也走进了欣欣向荣的和平发展时期。地名不仅成了一代人的记忆，也成了新一代共产党人为民造福的灵感来源。

建县前，西丰称"掏鹿"城。查《西丰县志》，是因为此地山下曾有鹿洞，"猎人于斯取得鹿子，遂以名焉"。后人据此演绎出一段故事，称乾隆爷东巡到盛京围场打猎，射中一只鹿，鹿带箭逃到今日西丰县城，忽然不见了，乾隆爷惊诧："此地逃鹿也。"于是，西丰又有了"逃鹿"的别称。至今，城北山下还有一条"逃鹿街"。

"查阅《清史稿》《盛京通志》，未见康、乾二帝来西丰的记载"，黄公达老先生说，或许据"掏鹿"二字谐音杜撰也未可知。

　　事实上，西丰这个地方产鹿，过去，只是敬奉皇室的贡品，如今成了百姓的致富项目。据西丰县鹿业发展局局长张青林介绍，截至目前，全县拥有鹿场1866家，鹿饲养量达14.6万只，占全国的1/4；从事鹿饲养、加工、销售的人员有4万余人，年加工、经销成品鹿茸及鹿副产品1000余吨，占全世界的一半以上。

在地名中阅读城市的历史

李晓东　危兆盖　雷建[1]

"万里桥西一草堂，百花潭水即沧浪。"1200多年前，大诗人杜甫用这样的诗句留下成都的温润记忆，也让成都诸如百花潭、草堂等历史文化韵味十足的地名传承至今。

徜徉在成都街巷，古老地名串起从先秦到当代的历史风物、人物典故。德国地理学家李希霍芬称成都为"中国最秀丽雅致的城市之一。"但不可否认的是，成都如同全国绝大多数城市一样，高速的城镇化冲击着传统文化的传承与保护，那些留存历史文化的"活化石"——地名，如何保护和传承，一直困扰着成都前行。成都通过制定严格的地名管理规范并探索精细化管理手段，希望将历史文化特色永续延展。

温情的地名——成都不变的包容特质

"成都是历史文化名城中包容性最强的，这一点完整地反映在地名中。"对于民俗学者袁庭栋而言，对成都地名的研究耗费了他数十年的精力。

1　李晓东、危兆盖、雷建为光明日报记者。

他介绍，成都老城区中明代以前留存下来的地名已经较少，较多的街巷沿用着清代命名的地名。这些街巷，每一个名字都有一个精彩故事。

在成都，有条街叫东城根街，此前还有一条街叫西城根街。城根，为何以这样的方式命名？因为清代成都建满城，命名者将北京的命名方式带到了这里，用以表明这两条街道与满城的位置关系。袁庭栋考证，"这在南方城市中仅此一例。"

成都有一条小街叫小淖坝。"淖"字来源于北方的蒙古语，也就是水泽之地。"南方城市街道中用'淖'字的也仅此一例，这充分体现了成都文化的包容性。"

袁庭栋说，成都从古至今至少有5次大规模移民，特别是明末清初，多地的移民汹涌入川，铸就了成都人特有的包容。表现最为明显的就是，成都过去有20多条街道以会馆命名，这些会馆，都是清一色的移民会馆，如至今犹存的陕西街、燕鲁公所街、江南馆街等。

时至今日，成都地名里以河、桥、庙等命名的街道比比皆是，红牌楼、红照壁、九眼桥、青石桥、洗面桥、顺河街、小关庙、衣冠庙……这些地名，复原着古老成都的地理信息，讲述着成都2300多年的建设进程。

《成都通史》作者之一、四川师范大学教授谢元鲁认为，历史变迁、社会发展充分展现在地名中间，细数成都的地名，就是在阅读这座城市的历史，感受历史中的无限风光。

无处安放的乡愁——地名里的尴尬

成都有多少条街？清末，古老成都有438条街，113条小巷。而今，成都常住人口超过千万，有4500多条街道，每年新建成的街道超过百条。古老的500多条街名也有不少在"城市改造"的名义下被消失遗忘。

袁庭栋对20世纪50年代末成都老城的破坏记忆犹新。当年，一句"拆城墙是进步，不拆是落后"的指示，一下子改变了成都老城区的格局：成都的皇城被拆除，修建展览馆；填城内的金河、御河修建防空洞，成都河汊纵横的城市格局被改变；拆除规模宏大的昭觉寺建动物园。在这样的大拆大建中，不少街道、地名乃至建筑自然湮没在一片喧嚣中。

与全国众多城市一样，成都也曾在过去的地名管理中，经历过地名管理工作滞后、建筑物和道路命名规范缺失、管理缺乏力度等尴尬。

过去，成都在群众中曾流传过人民南路南延线、沙西线、IT大道等称谓。其实，这些都是工程名，而后来对应的正式名称天府大道、西华大道、西源大道等都彰显成都的历史韵味。

为何会有这种现象？根源在于过去地名命名政出多门，公园命名归园林部门管，道路归交通部门管，水库、河道命名则交给了水利部门……特别是大部分市政道路在开始建设的时候，业主方往往有工程名，施工方有建设名，而当地群众则为其取了"阿朱""阿狗"的小名，建成后由各区县民政部门正式申报名字时，命名滞后、道路工程名滥用、一路多名的问题尤为突出。

在成都，名字相近的"孪生"地名也经常被群众吐槽。如蜀汉路与蜀汉街，一字之差却相距好几公里。有成都市民整理出"孪生"地名手册，位于不同区域的青龙街、青龙正街、青龙横街、青龙路令人眼花缭乱；槐树街、槐树店路、干槐树街、三槐树街相距甚远；光华街、新光华街、光华村街令人不知所措……

成都市民政局相关负责人解释，这是由于过去命名缺乏长远规划，区域之间命名不统一，多头管理，没有考虑如何方便群众所致。

大城市细管理——地名规划编制法定化

"现在就是要按照大城市、细管理的理念规范地名管理提升工作，全面推进地名管理的规范化、科学化和标准化。"成都市民政局地名处处长潘弘介绍。

2013年，成都市理顺地名管理体制，成立了由相关部门参与的规范地名协调小组，并在2014年通过成都市人大制定颁行《成都市地名管理条例》，地名规划编制实现法定化，被外界称为"史上最严"。

潘弘介绍，新的管理条例对地名的命名程序做了明确规定，明确对成都地名进行总体规划和分区规划；将地名的命名前置，民政部门提前介入项目规划建设的环节开展命名。新条例理顺了地名管理体制，所有的命名均归口到民政部门，而地名标志标牌的设置则统一到公安部门。新条例还特别规定了对历史地名的定义、历史地名保护名录及历史地名保护原则，成都历史现状及文化特色得到了尊重。

为了让成都地名管理更接地气，成都市民政部门建立了具有广泛代表性的31名专家团队，专家团队对拟命名对象进行严格的论证。论证后的结果还要向公众公示、征求社会意见。去年，成都市民政部门先后收到市民1000多条意见建议。群众的参与，有效避免了出现一地多名、重名、同音等现象发生。

潘弘说，成都市的地名总体命名规划正在进行评审，有望在5月完成，"今后的成都地名将充满诗意与文化韵味，也会方便群众的生产生活"。

标注不只是翻译，也是话语权

颜维琦　曹继军[1]

"Xizang Rd.（M）"，站在上海的西藏中路，记者拍下路牌，发送给北京大学、同济大学的两个留学生班，还有一家总部设在上海的外企部门。

这样的路牌，外国人能看明白吗？收到的回复大略分为两种：能看懂，没什么障碍；有点小困惑，难点主要在"M"的缩写，如果显示的是 Middle Xizang Road 就更好了。

问卷继续：你们是希望看到"Rd"还是"Lu"？收到的回复几乎都是"都可以""区别不大"。

如果只是在上海停留，确实不用担心。目前，上海的道路名称全部采用英译。要是取道中国的几座城市，那么，你会发现，是用"Rd"，还是"Lu"，不少城市的想法并不一样。

路牌标识，到底用英文"Rd"，还是汉语拼音"Lu"？看似小问题，实则费思量。

1　颜维琦、曹继军为光明日报记者。

上海市地名办：考虑使用方便和习惯

根据《地名管理条例》《中华人民共和国国家通用语言文字法》等法律法规，中国地名必须用汉语拼音拼注。1977年，在联合国第三届地名标准化会议上，通过了按照《汉语拼音方案》来拼写中国地名的决议。

"严格来讲，上海的做法虽不合上述规定，但这也是考虑上海的实际情况，多次广泛听取意见后才定下来的方案。"上海市地名办一位负责人告诉记者，2007年筹备上海世博会期间，结合当时全市道路名称英译现状，上海对道路通名、专名的译法再次明确作了统一要求。记者了解到，在此之前，上海的路牌是在2001年举办APEC会议之前，统一改为英语译名标注。

用"Lu""Jie"给谁看呢？这位负责人认为，既然是方便外国人的，通名部分还是用英译比较好。而专名部分，很多没有对应的英译，用拼音会更合适。比如，大沽路，英文译名Dagu Road；北蔡大街，Beicai Street。

记者查阅《上海市道路名称英译导则》，其中明确了通名部分的不同译法：路，Road；支路，Branch Road；道，Avenue；弄，Alley；巷，Lane；径，Path，等等。对道路名称中使用方位词和数词的译法也做了规定。比如，中山东一路，译为East Zhongshan Road Number One，缩写为Zhongshan Rd.（E-1）；不表示同一条道路不同路段的属性词则采用音译，使用汉语拼音。比如，北苏州路，Beisuzhou Road；豫园老街，Yuyuanlao Street。

上海的《导则》中还明确了几个特例：中环路，Middle Ring Road；世纪大道，Century Avenue 等。这几条道路的专名部分没有采用汉语拼音，而是使用了英译。

语言学者：标注不只是翻译，也是话语权

记者查阅资料发现，地名标识用"Rd"还是"Lu"，其实是个老生常谈的话题。国家民政部区划地名司的几任司长曾在多个场合明确表态：地名译名采用"Rd"，既没有法律依据，也不符合国际通则。

民政部区划地名司工作人员介绍，目前全国的地图全部统一使用汉语拼音标注地名。因此，外国人在中国要想利用地图找到相对应的地方，如果地名使用英语译名就可能让人摸不着头脑。

"地名标注表面上是一个翻译问题，实际上是话语主权的问题，国外如日本、韩国、泰国等都是采用本国文字的罗马拼音标注，在此基础上才考虑英文。"北京大学对外汉语教育学院副教授施正宇说。在她看来，"使用英语译名就是国际化"是一个认识误区。一味强调使用英语以接轨国际，是语言不自信的表现。

"法国巴黎的路名都用法语拼注，奥地利维也纳的路名用德语拼注，这些国际大都市都没有采用英文，为什么不让外国人认认我们的'Lu'呢？"有人提出这样的问题。也有人提出，"有很多不使用英语的外国人来中国访问，既然标注了英语，

为什么不标注别的语言？"在很多国家，路牌指示并不采用多种语言，只在旅游景点使用多种语言标注。

　　记者采访的几位上海市民则对"Rd""Lu"之争表示淡然。上海社会科学院历史研究所研究员郑祖安长期关注上海历史文化研究。在他看来，地名标识用英译还是用汉语拼音，"说不上谁好谁不好，上海的做法不合规定，但也是多年来约定俗成的。"

　　"不管使用何种语言标识，对于外国人来说，根本的是标识的指路功能。"上海市地名办负责人说，"1994年，上海有3000多条道路，现在已经增加到10000多条道路。地名传后世，命名非小事，目前最重要的是保持城市路名标识的准确性、整体性和统一性。"

一条路为何四个名

王晓樱　魏月蘅[1]

今年春节期间，海口市民陈先生遇到一件蹊跷事：他把自家地址通过手机发给亲戚朋友，不料大伙儿来拜年时却纷纷迷了路。原来，陈先生家门口那条新建的路有四个名字：博雅路、博雅纵一路、椰博路、凤翔东二横路。

此前，网上就流传着一个绕口令般的段子：东沙路在海口西边，西沙路在海口东边，中沙路不在东沙路和西沙路中间，中沙路在海口南边。

海口地名为何如此混乱，有无破解之道？

一条路为何四个名字

陈先生的遭遇引发海口市民的热议，有网友说："乌龙路让自己由路痴彻底变成了路盲。"

为何一条路会出现四个名字？"这是道路命名与路牌制作分属不同部门所致，那条路准确的名称是'椰博路'。"海口市民政局社会事务处副处长陈太井表示，道路指示牌"博雅纵一

1　王晓樱、魏月蘅为光明日报记者。

路"是交警挂上去的，门牌"博雅路"是公安机关制作的，但这条路历史上从来没有正式叫过"博雅路"。至于街道办地图上的"凤翔东二横路"是早期地图上的名字，后来民政局地名办在考察中，发现这种叫法并没有依据，遂取消了这个名字。

海南省民政厅地名区划处处长张建明告诉记者，省民政厅曾在《海南地名管理工作调研报告》中用了六个"不"来表达这种混乱：地名标准化程度不高、地名标识设置不全、地名信息化建设不均衡、应用不够广泛、地名文化挖掘不够深入、地名档案不完备。具体表现为：重名多，比如海口那四条重名路，导致市民或者游客常因重名而走错路；方位错乱，比如那段遭吐槽的东沙路、中沙路、西沙路的"绕口令"；"洋大怪丑"入地名，比如东方市曾经用伦敦街、巴黎街、罗马大道这样的路名；字面关联地名，比如明珠路并不在明珠广场附近，国兴中学不在国兴大道上；农村地名生僻字多，常出现电脑打不出的字；等等。

"西沙路在东边，东沙路在西边，中沙路不在中间"这样的"尴尬"缘何发生？陈太井坦言，当年这几条路命名时因为疏忽确实没有考虑方向问题，一心只想着通过路名宣示我国南海诸岛主权，目前已使用多年，群众已接受，不便再改名。

一个路名一段历史

两条中山路、两条板桥路、两条振兴路、两条金花路……海口的路名乱象让市民摸不着头脑。

这四条重名路，为何多年一直不改？陈太井说："这是为了尊重历史和市民意愿。"原来，这四条重名路以前分属原琼山市和海口市，互不影响。2002年琼山撤市并入海口后，就出现了一个城市四条道路重名的现象。

"两条中山路都有百年历史，龙华区中山路于清朝康熙年间始建，民国十三年更名为中山路，至今仍保存着许多历经百年风雨的骑楼建筑。而琼山区中山路明代始建，也是民国时为纪念孙中山先生来琼而得名。"陈太井向记者介绍。

陈太井表示，地名是历史文化的活化石，我们应该尊重历史，尽可能地保持地名的连续性。经过调研发现，沿路的居民对这些地名很有感情，不愿意更改自己所在路段的地名。

对于民政部门来说，改地名不仅仅是改一个名字，还要重新设置地名牌、路牌、门牌号，这些牵涉千家万户，投入很大；对于当地居民来说，还要改户口、身份证、营业执照、房产证等一系列证照，不仅要花钱，还要到政府各部门跑来跑去更名，非常烦琐，增加了社会成本。"于是这四条重名路沿用至今，建议市民在路名前加上行政区域名加以区分。"陈太井说。

其实像中山路这样有历史、有故事的路名在海口还有很多。比如，"盐灶路"所在地就是原来的盐灶村。当年，大海就在村边，村民靠海吃海，世代垒灶煮盐，"盐灶"因此得名。在近年的城镇化过程中，海口也一直重视通过路名来保留其历史文化脉络，棚户区改造后，新建的路一般都以消失的村庄名来命名，于是有了"玉沙路""新东路""土尾路"等，既保留了原有文化底蕴，又反映了时代变迁。

出台规范遏制"大、洋、古、怪、重"

为加强和规范城乡街巷、居民区、建筑物名称和标志设置的管理，遏制"大、洋、古、怪、重"等地名乱象，海南省民政厅2013年出台了《海南省居民地名称和标志设置管理规范》，明确指出不得以外国地名命名地名，不使用外文和利用外文直译命名，切忌洋化、封建化、小地冠大名。

张建明说："虽然规范有三十几条，对地名和标志设置提出了详细的要求，但不具有强制性，建议将规范上升为条例，同时期待民政部尽快修订现已执行近30年的地名管理条例，依法治乱。"

2012年底，海南省政府制定了《海南省地名标志设置工作方案》，提出2013年到2015年，按照"试点先行、经验推广，先城镇、后乡村"的原则，有计划、分步骤地完成海南省城乡地名标志设置工作，形成全省标准统一、设置合理，功能完善的地名标志体系。列入试点的海口和三亚，2013年底都已全面完成地名标志规范设置试点工作，共投入416万元，设置了街（路、巷）牌664块、楼（门）牌43630块。"地名、路牌、门牌规范了、清晰了，广受市民和游客欢迎，特别是三亚新置的箱体式路牌集路名标识、方位指向、局部地图、周边场所指向及距离等多功能于一体，非常实用。"张建明介绍。

2014年8月，海南省民政厅在三亚组织召开地名标识标准化设置现场会，要求全省其他市县参考海口、三亚的做法，全面开展城镇地名标志设置工作。这得到了各市县的积极响应和支持，也让市县的城市面貌得以改观。就连以前全县城一个路牌没有的白沙县，现在都有了90多块。

据介绍，现在海南全省各市县城镇地名标志设置工作已基本完成，2015年将主要开展农村地名标志设置工作，争取到2015年底全面完成海南省城乡地名标志设置工作。

那些熟悉而又陌生的地名

严蓓蓓　严红枫[1]

嘉兴桐乡，曾梧桐遍地，相传五代时，有凤凰来集；衢州为南孔家庙所在地，其柯城区有条化龙巷，原是古时舞龙赏花灯之地，因为舞龙酷似真龙而得名……

对于居住在这里的人们而言，地名背后还有一串串难以湮灭的历史印记。

留在地名上的历史记忆

对游子来说，故乡的模样或许早已模糊，聊以慰藉、寄托情思的或许只余下泛黄信封上那个熟悉而又陌生的地名。

"我爷爷现在随父母住在国外，年岁大了经常忘东西，但自己是青田哪个村的人却能说得明明白白，一字不差。"梁鑫爷爷挂念的故乡丽水市青田县，距离省会杭州大约350公里，是一处著名的侨乡。

青田地名的命名方式说来有趣，因为农业发达，农耕文化的影子体现在当地一些村落的名字上。北山镇的雷轴解位

1　严蓓蓓为光明日报通讯员，严红枫为光明日报记者。

于高山之上，梯田上散落着许多农舍，面积较小，耕田时把雷轴和耕牛分解开；同处高山之上的吊笕因为水资源缺乏，当地采用打通竹节的竹筒用藤条吊起来做水笕引水，解决生产和生活用水。

物产、植被、故事、传说，甚至动物、数字都被用在了地名上。

一提到宁波市北仑区的柴桥老街，章悦想到的就是老街上的小吃和那些总也逛不完的弄堂。和很多地方的老街一样，柴桥老街兼具了人文风情和市井繁华。

在杭州工作多年的章悦早已在杭州成家，只有过年，一家三口才会赶回柴桥住上几天，总要到老街上逛一逛。章悦对那些弄堂名总是如数家珍："蒲鞋弄是因为这条弄里有专卖草鞋、蒲鞋的地摊，智昌弄曾出过不少文人和雅士。"

地名更替，记录社会历史变迁与传承

每一座城市，每一条街道都有各自的故事，而地名恰是这些故事的特殊载体，一次次地名更替记录下了浙江社会历史的变迁与传承。

拿杭州来说，"武林门"随着城市的发展，从一处北关门辐射，面积不断扩大；"黄龙"附近的跑马场早已不见踪迹，只留下了一条"跑马场路"。

"现在也只有我们这些年纪大一点的人才知道管米山、石板弄、东都司卫这样的老地名，年轻人很多都不晓得！"曹女士的感叹代表了许多"老杭州"的心声。1998年，杭州市建吴山广场，东廊下、西廊下等14条历经数个朝代轮替的历史道路街巷地名消失在旧城改造中。

"随着城乡变迁，地名更替越来越多，一些富有文化内涵的老地名逐渐被人淡忘，甚至消失。"浙江省民政厅区划地名处处长汪勇飞介绍，地名消失的原因很多，有因为历史朝代更迭，行政区、街巷更换了地名，老地名被新地名所取代；有随着城市化的推进，扩建街巷里弄，设置公共设施、新建楼盘，一部分地名指称的地理实体消失，地名也随之废弃；有因为存在地名重复、一地多名、含义粗俗等现象，出于对地名工作规范化管理的需要进行调整。

数字地名，创新地名管理和地名文化保护

如何保护好地名这一难得的文化资源？"现有的地名保护方式，除了通过地名志、档案等文字，还有比如在旧址上立碑，通过新生地名延续老地名等实体保护方式。"浙江省民政厅区划地名处调研员葛传庆说，早在2012年，浙江省政府修订出台《浙江省地名管理办法》就把地名规划、地名文化遗产保护列入了法制保障范围。

近年来，浙江全省各地共修订出台各类地名管理规范性文件近300个，建立地名管理服务制度100多项，规范了地名管理工作的各个环节。全省各市、县（市、区）的地名命名、审批全部进入政府行政审批中心服务窗口，普遍实行地名专家审查

制度、市民听证制度和媒体公示制度等。

如今，除了通过开展"美丽浙江 地名故事"等活动，向公众普及地名历史文化，浙江地名管理和保护手段也在不断创新。最近的公共自行车租赁点在哪儿？最近的停车场、加油站在哪儿？像这样的问题，不要说一般游客不知道，就连许多杭州本地人都答不上来。现在，只要通过点击"中国杭州"政府门户网站"电子地图"栏目，或者杭州市规划局网站"城市一点通平台"，公共信息便一目了然。而这正是得益于杭州的数字地名建设。大量的地名被录入地理信息公共服务平台，转化成使用快捷的便民服务手段。据悉，浙江的所有设区市都已建立地名信息化管理系统，初步形成了浙江特色的数字化地名公共服务体系。

地名，是历史命运的容器

刘江伟　方莉[1]

　　站在荆州古城墙上，凭墙远眺，整座古城沐浴在落日余晖之中，愈发显得古朴肃穆。

　　荆州，这个具有千年历史的城市，就在二十年前，它却一度被"荆沙"取代，消匿于人们的视野中。虽然"荆州"之名后又恢复，但改名之痛仍令人难以忘怀。"由于多年来对地名文化缺乏认知，地名随意更改和废止现象屡禁不止，致使很多意蕴丰富的地名不断消失。"中国地名文化遗产保护促进会会长刘保全痛心地说。

大意岂独失"荆州"

　　"最初的地名仅仅是一种用以区别个体地理实体的语言，随着历史演进，我国地名数量越来越多，地名的文化内涵也越来越丰富。"刘保全说，老地名保存着人们对特定自然环境和人文环境的特有认识和思考方式，记录着中华民族在长期历史进程中形成的价值观和审美理念，"比如从'赞皇'可以联想

1　刘江伟、方莉为光明日报记者。

到公元前968年周穆王曾在赞山战胜犬戎。"

而"荆州"这个地名，在战国时期《尚书·禹贡》中就有记载："荆及衡阳惟荆州"。三国时期，荆州成兵家必争之地，《三国演义》一百二十回有七十余回提到荆州，尤其是关羽"大意失荆州"曾让人扼腕叹息。英雄已去，但留古城令后人抚今追昔。

荆州，承载了无数人的历史记忆，但在20世纪90年代与沙市合并建市时，却被一个新组合的名字"荆沙"所代替。

"一个千百年历史形成的地名，一个有着丰富文化内涵的地名，居然如此轻易地消失？"作家李辉当时听到更名消息极为震惊。

其实，荆州地名的消失只是地名更名现状的一个缩影，我国很多历史文化名城都没逃脱改名的命运。

同以"三国"历史而闻名的襄阳，20世纪50年代与樊城合并起名为"襄樊"，从此，诗人王维的"襄阳好风日，留醉与山翁"只能见于典籍之中；而以"徽文化"著称的徽州，20世纪80年代更名为"黄山"，剧作家汤显祖的"一生痴绝处，无梦到徽州"也只能在梦里追寻。

"城市是有生命的，地名便有了生命的意义，也就是有着和生命一样丰富和深刻的含义。如果这个地方有其独有的历史与命运，地名便是这历史命运的容器。如果这些城市随随便便换去了名字，你说它失去的是什么？"著名民俗学家冯骥才说。

真正的风光不是靠改名来实现

我国历史悠久、幅员辽阔，地名浩如烟海。资料显示，甲骨文中记载的地名有500余个，《山海经》记载的地名有1100多个，全文只有1000多字的《禹贡》就记载了130多个地名。宋元以来，仅地方志涉及的地名就有500多万个。

然而，近年来当城市建设的推土机轰鸣驶过，大量古建筑遭到毁坏，很多地名也随之被遗弃或更改。改革开放三十多年来，我国约有6万个乡镇名称、40多万个建制村名称被废弃，仅北京胡同名称就减少近一半。

地名记录了时代变迁，见证了沧海桑田，是中华优秀传统文化的"活化石"，却为何屡遭遗弃？

复旦大学教授葛剑雄指出："由于我国地名众多，免不了会出现同名的情况，必定会造成很大麻烦，因此需要更改。但现在改地名却多是出于其他原因，如招商引资、发展旅游等。"

很多地方改名都热衷于以景点作为城市名，大打旅游牌，如湖南大庸更名为张家界市，云南中甸县改名香格里拉县等。

"从表面看，有些地方在改名后游客的确增加了，旅游收入的确提高了，但这是旅游产业本身发展的结果，并不能说明究竟有多少效益是来自改名，迄今为止我们还没有看到一份有说服力的分析报告。"葛剑雄表示。

李辉认为，真正的自然风光不是靠更改地名来实现，主要还是靠丰富的文化内涵。地名这样一种特殊的语言形象，它有其相应的稳定性、丰富性，不只是教科书上几个简单的概念定义，更不是可有可无的点缀。尊重历史，尊重文化，首先就在于珍爱历史的赐予，而非忽视它们，甚至无所谓地抛弃。

让地名更改不再任性

2015年春节前夕，一篇《地名改动大盘点》的帖子在网上热传，该帖罗列了近年来遭到改名的城市。有网友留言："那个念兹在兹的家乡，一夜之间换了称呼，我已经无法还乡。"2013年中央城镇化工作会议明确提出，要"保护和弘扬传统优秀文化，延续城市历史文脉"，"让居民望得见山、看得见水、记得住乡愁"。

如何在城镇化浪潮中留住地名，记住乡愁？

我国于1986年颁布《地名管理条例》，这是第一个地名管理的重要法规性文件。此外，民政部又先后出台了《关于加强地名文化建设的意见》《全国地名文化遗产保护工作实施方案》等政策措施，有力促进了地名文化的保护工作。

民政部地名研究所副所长宋久成指出："总体上来说，近年来地名文化保护成效显著，但各地仍存在一些地名文化乱象和地名管理的薄弱环节，地名遭到破坏的现象也时有发生。当务之急要加强顶层设计，出台保护地名的法律，为地名套牢法律和制度的'金箍'，让地名更改不再任性。"

2014年，我国正式启动第二次全国地名普查，对地名文化遗产进行分类、分级、分层调查，以净化地名环境，规范地名乱象。

令人欣慰的是，1996年12月，荆州的名字又被重新改回。"亡羊补牢也罢，事后诸葛也罢，荆州去而复来，表明人们越来越重视历史赐予，尊重传统文化。"李辉得此消息后感慨不已。

　　暮色降临，华灯初上，荆州城此时更加静谧安详。城墙之下护城河边，仍有游客久久不愿离去，似在静静聆听千年历史的回声。

"那"些地名，"那"些文化

刘昆　周仕兴[1]

"你在哪里？"

"我在那边。"

"那边是哪边？"

"就是那边啊！"

这是几位外地游客在广西百色乡村迷路时的"抓狂通话"。"那边"，实际是当地的一个地名。不仅如此，就在离"那边"不远的地方，还有另一个地名——"那里"。这样特别的地名，让初来乍到的外地人，着实有些摸不着头脑。

在壮乡广西，类似以"那"冠名的乡镇村落比比皆是。"那"是壮民族独特的文化符号，壮语意为"田"和"峒"，最初指水稻田，后来泛指田地或土地。

作为传统稻作民族，千百年来，壮民族据"那"而作，依"那"而居，以"那"为本，由此形成以稻作文明为内核的"那"文化，历史悠久，影响深远。可以说，几乎每个壮族同胞都有"那"文化情结。

1　刘昆、周仕兴为光明日报记者。

地名里的土地情结

在稻作民族的心目中，土地是最宝贵的财富，人们的生产和生活，都以土地为转移，以农耕为一切行动的出发点和落脚点。最明显的表现便是依田定居，以田论人，用田取名，为田设神。

壮族的村落，多数是依山傍水，面对着田地。以田地"那"标识取地名，便顺理成章。大至县市乡镇，如那坡、那马、那陈；小至村屯弄场，如那王、那绍、那左。据不完全统计，含"那"字的地名，在广西有1200多处。

以"那"命名，依据多是"那"的特点和性质，如那翁（"翁"为壮语音译，下同），即滥泥田；那江，中间的田；那波，泉边的田；那雷，土岭的田；那达，河边的田；那六，水车灌溉的田；那楼，我们的田；那班、那曼、那板，村寨田；那马，养马的田；那昌，工匠的田；那笔，养鸭的田；那怀，养水牛的田……

为这些地方命名的人，是最先开垦这些田的壮族先人，他们约定俗成，无论在何时何处为地方、村寨命名都遵循这一法则，依据着同一模式，即以"那"为冠。

"壮族先民既是垦荒者，又是种田人，饱尝过筚路蓝缕以启山林的辛劳，深知田地来之不易，觉得田地太宝贵了。"广西民族研究所所长覃乃昌研究员说，这样的命名思路，表达了他们对田地的珍惜和眷恋，而这种自然形成的土地情结，是那样的牢固，那样的深沉，那样的刻骨铭心。

"那"文化与稻作文明

壮族先民适应珠江流域的自然地理环境和气候特点,把野生稻驯化为栽培稻,形成了以"那"为符号的稻作文化。

在珠江水系流域地带,都分布着冠"那"的地名,其中又以广西的左右江、红水河、邕江流域最为密集。在越南北部、老挝、泰国、缅甸和印度的阿萨姆邦等东南亚地区,也广泛分布着冠"那"的地名。

梳理"那"地名分布的地理范围可以发现,东起我国广东省中部,西至缅甸和印度中部,北至云南中部、贵州南部,南至泰国南部、越南中部和我国海南省,形成了一个"那"文化圈,也即稻作文化圈。

稻作文明,是壮族先民对人类文明做出的巨大贡献。2012年10月,中科院国家基因研究中心课题组在英国《自然》杂志发表论文提出,分布于中国广西的普通野生稻与栽培稻的亲缘关系最近,表明广西(珠江流域)是最初的驯化地点,而非之前考古学研究长期认为的长江中下游区域,由此得出"稻作文明从广西传向世界"的科学论断,进一步丰富了"那"文化的内涵。

对于"那"文化的发展,广西骆越文化研究会会长谢寿球认为,地处"那"文化圈东部的壮、布依、侗、水、仫佬、毛南、黎等民族,由于受汉文化的影响以及地理环境的不同,朝一个方向发展;而地处"那"文化圈西部的邻国泰国的泰族、缅甸的掸族，老挝的老族等，由于受到印度文化和佛教文化的影响以及地理环境的不同，则朝另一个方向发展。

"那"文化价值亟待发掘

"那"文化是壮民族文化的精髓，但多年来一直"养在深闺人未识"。

近年来，一批国内知名民族文化专家和考古专家相继对广西壮族"那"文化进行了深入考察研究。"那"文化的挖掘、保护、利用和传承，越来越受到重视。

这其中，广西隆安县的成果最具代表性。经考古发现，隆安县有独特丰富的"那"文化遗存，有大量新石器时代稻作文明的标志文物。早在6500年前，骆越先民就在隆安县创造了大石铲文化，隆安大龙潭大石铲文化区拥有中国新石器时代最先进的稻作工具，出现了大规模有组织的水稻生产。

目前，隆安县"那桐农具节""红良壮族打铁技艺""稻神祭""壮族九莲灯""壮族亥日"5个项目已经列入自治区级非物质文化遗产保护名录。"那桐农具节"正在申报国家级非物质文化遗产。

在广西各地，弘扬"那"文化的活动异彩纷呈。尤其是每年"四月八"农具节，壮族同胞纷纷暂停生产，身着民族服装，举行祭祀、游街活动，用歌舞表达对土地、耕牛的敬仰感恩之情，颂扬辛勤劳作的精神，祈求来年风调雨顺、五谷丰登。

今年3月5日，广西壮族自治区政府专门召开会议，专题部署推进"那"文化的研究、挖掘和利用工作。"'那'文化的研究、挖掘和利用工作不要等,要'两条腿走路'。"广西壮族自治区党委常委、自治区副主席唐仁健说,一方面加强研究挖掘,一方面加强开发和宣传,要通过多种形式,大力擦亮广西的"那"文化品牌。

"那"些地名,"那"些文化,迎来春天了。

历史深处走来的乌衣巷

郑晋鸣　　龙馨泽[1]

"朱雀桥边野草花，乌衣巷口夕阳斜。旧时王谢堂前燕，飞入寻常百姓家。"一千多年前，诗人刘禹锡用寥寥数笔勾勒出时代沧桑巨变，也让这条隐藏于六朝古都南京的幽僻古巷声名鹊起。

千百年来，追寻刘禹锡笔触而来的文人墨客络绎不绝。从兴盛到衰败再到后来的重建，乌衣巷里的一砖一石，都述说着东晋以来的王朝更迭、韶华流逝。那些流传于地名背后的故事，更承载着历史深处走来的文化记忆，让后人对这个静默的小巷充满遐思和想象。

在寻访中溯源

南京地方志办公室的研究员胡卓然对乌衣巷颇有研究。据他介绍，乌衣巷的得名有多种说法，学界比较认可的有两种：其一，东吴时期的禁军曾驻扎此地，由于军士都身着乌衣，因此得名乌衣营，后改为乌衣巷；其二，乌衣巷曾为东晋王导、

1　郑晋鸣为光明日报记者，龙馨泽为光明日报通讯员。

谢安两大家族的聚居地，两族子弟都喜欢穿乌衣以显身份尊贵，因此得名。

"后一种说法在民间流传更广。"胡卓然说，"千古人物，首推魏晋人物晚唐诗。王导和谢安，一位是东晋开国元勋，一位是救社稷于将倾的功臣，他们的府邸都在乌衣巷。"

踏在小巷的青砖上，王导的丰功伟业浮现在脑海中。西晋末年爆发八王之乱，王导审时度势，认为唯有琅琊王司马睿能振兴晋室，于是团结江南士族，辅佐他建立东晋政权。据说司马睿登基当天，王导与他同受百官朝贺，民间更有"王与马，共天下"的说法，可见王导的权势如日中天。

王导后二十年，东晋政坛上鲜有俊才，直到谢安出现。少年隐居东山、以孔明自喻的谢安，四十多岁才出任丞相，成语"东山再起"说的就是他。后来谢安指挥了中国历史上妇孺皆知的淝水之战：以八万精兵击败前秦苻坚百万大军，奠定了南朝三百年的安定局面，进而改变了中国的历史进程。

"乌衣巷当时是王谢两家豪门大族的住宅区，门庭若市，冠盖云集，更是走出了王羲之、王献之，以及中国山水诗派鼻祖谢灵运等文化巨匠。"南京师范大学历史系教授李天石说，乌衣巷见证了"王家书法""谢家诗"的艺术成就，与两大家族的历史，乃至整个中国文化的历史紧密相连。

在文脉中不朽

有人感慨，如果说王导和谢安令乌衣巷不凡，王羲之、谢灵运令乌衣巷不俗，那么刘禹锡、周邦彦则令它不朽。

这份不朽，沉淀在文人墨客流芳千古的诗词歌赋中。六朝古都金陵几多磨难，隋文帝灭陈后为防政权割裂，竟将金陵夷为平地，乌衣巷也化为废墟。唐朝诗人刘禹锡途经此地，见到的是"朱雀桥边野草花，乌衣巷口夕阳斜"的衰败场景，感伤繁华不再，人事无常，发出"旧时王谢堂前燕，飞入寻常百姓家"的感慨。

这发自肺腑的感慨让乌衣巷得以永恒。

此后，愈来愈多的文人骚客慕名而来，乌衣巷由此在中国文学史上留下浓墨重彩的一笔。宋代词人周邦彦在《西河·金陵怀古》中写道："想依稀、王谢邻里，燕子不知何世，入寻常、巷陌人家，相对如说兴亡，斜阳里。"元代词人萨都剌在《满江红·金陵怀古》中感怀："王谢堂前双燕子，乌衣巷口曾相识。听夜深、寂寞打孤城，春潮急。"……一首首令人铭记的诗词，编织成一支幽婉绵长的挽歌，为乌衣巷注入新的生命，也让金陵怀古远远超越诗词体裁，成为中国文学史上声势浩大的文化奇观。

如果说诗词让乌衣巷永恒，耳熟能详的成语则赋予它更多文化趣味。东晋大臣王珣家住乌衣巷，一天他梦见有人送了一枝大笔给他，有架着屋顶的木条那么大。醒来后，他预感有事情发生。果然，一会儿有人来报告说孝武帝驾崩了，王珣被任命负责起草哀册等重要文书，于是有了"大笔如椽"这个成语，用以形容著名的文章或有名的作家。

自唐以来，乌衣巷的原址已消失不在，但独特的文化韵味却让它经久不衰。直到今天，文人依旧纷至沓来，在此沉思默想，点墨成金，古都金陵的人文脉络在发展中延续。

在怀古中以史为镜

从豪门聚居地到断壁残垣的废墟，乌衣巷阅尽千年时光，已然成为金陵兴亡的象征。

二十世纪八十年代，乌衣巷开始重建，除了青砖路面和仿古民居，还新增了王导谢安纪念馆。一时间，沉寂千百年的乌衣巷同十里秦淮一起，再度喧嚷起来。纪念馆包括来燕堂、听筝堂和鉴晋楼等建筑。"来燕堂"取自谢安以燕传信的故事，"听筝堂"传是当年晋孝武帝临幸谢宅听取谢安弹古筝之地，"鉴晋楼"则喻义"以史为鉴，可以知兴替"。

如今的乌衣巷，早已没有了豪门士族的觥筹交错，取而代之的是游人探访的脚步。纪念馆内陈列的东晋雕刻展、淝水之战壁画和王羲之书法复制作品等，无声地诉说着那段悠远的历史。

东晋国运多舛。淝水之战击垮前秦百万大军后，谢安挥军北上收复了徐、兖、青、司、豫、梁六州，取得了东晋北伐史上首次重大胜利。然攘外未已而内患又起，"九品中正制"令官吏制度僵化，门阀士族垄断政权，地方官僚大兴贪贿之风，朝纲渐腐。孙恩、卢循、桓玄等大族、重臣趁机起兵造反，经过30多年混战，北府兵将领刘裕最终取代了东晋，立刘宋，王谢后人也难逃日薄西山的命运。"不死于外敌之手而丧于内乱，乌衣巷的兴废折射出东晋王朝的悲哀。"站在巷口，游客王帆感慨万千。

"乌衣巷之所以能流芳百世，不仅因为刘禹锡诗句绝佳，更在于它能引发后人对历史兴衰变化的深刻思考。"李天石说，乌衣巷是历史留给后人的一面镜子，从盛极一时到残败衰落，它警醒后人一个亘古不变的真理：纵观前贤国与家，成由勤俭败由奢。

地名承载的首义精神

夏静　何骏[1]

　　1911年10月10日，武昌城头的一声枪响，宣告了腐败清王朝的覆亡。从此，辛亥革命敢为天下先、振兴乡邦的首义精神一直流淌在荆楚儿女的血脉里，同时也熔铸在一个个地名中。

　　辛亥革命震撼世界。为了纪念这一伟大的历史时期，追念逝人，武汉以首义事件命名了一系列地名，打造首义文化区。这些包含着几代人记忆的地名，也成为承载首义精神的文化符号。

首义地名里的史学情怀

　　"对于我们这一代人而言，辛亥革命还是去古未远的历史事件，许多人与事似乎并不遥远，甚至伸手可及。"历史学家冯天瑜用感性的语言述说着与首义地名的渊源。

　　冯天瑜回忆，他在武昌实验小学接受启蒙，与张之洞创办的两湖书院旧址隔湖相望，维新志士唐才常，辛亥风云人物黄兴、刘成禺、曹亚伯、田桐等都从这里走出。念初中时，冯天

1　夏静为光明日报记者，何骏为光明日报通讯员。

瑜每天都要经过蛇山脚下的黄克强塑像、蛇山头耸立的奥略楼（时称黄鹤楼），穿越曾是清朝藩署的司门口，再通过“唯楚有材”牌楼，抵达曾为清代贡院的实验中学。在华中师范大学第一附属中学念高中时，他上学与放学皆行走于彭刘杨路，盘桓于阅马场，流连于湖北军政府旧址、孙中山塑像、黄兴授将纪念碑之间。

有空的时候，他还会去紫阳湖公园看看，路过湖北省总工会，走到院内，参观两幢二层砖木结构楼房——当年湖北新军工程第八营的营房，首义第一枪就在这里打响。冯天瑜称，武昌城仅存的中和门（起义门），也是他少时常去的，那城门正是天安门前人民英雄纪念碑基座浮雕描摹的原型。而城门旁边的楚望台，曾是清末全国最大的军械库之一，也是武昌起义的士兵首先攻占的重要军事设施。

武汉有一系列地名是以辛亥革命领袖命名的。比如，武昌中山路和汉口中山大道皆是以中国民主革命伟大先行者、“中华民国”缔造者孙中山来冠名。黎黄陂路以辛亥首义都督黎元洪来命名。而黄兴路和蔡锷路等都是以民主革命的先驱者和护卫者来取名。

“也许是自幼感受颇深，使我形成对辛亥首义的特殊情怀，驱使自己从致力史学工作之始，就有意研究这段壮烈而又曲折的历史。”辛亥革命“首义之区”的人、事、物，在冯天瑜的心灵里打下了深刻的烙印；学成后，这些“现场感”又成为他挥之不去的情结，继而成为他创作辛亥首义史的原动力。

红色地名里的英雄岁月

首义之城的地名与文化不仅仅包括辛亥革命，无论在土地革命时期，还是抗战时期，革命的精神同样熠熠生辉。

江岸区鄱阳街道139号（原俄租界三教街41号）有一幢20世纪20年代初建造的三层西式公寓。游人远远望去，就能看见门楣上有一块红色横匾，上面是邓小平题写的"八七会议会址"六个镏金大字，讲述着那段星火燎原的岁月。

红色的火种在武汉抗战时期得到延续传承。

1938年，武汉人民奋起抗击日本法西斯的进攻。在战火纷飞的武汉会战中，浴血护卫中华的义士不断涌现。

"舍身成仁同归尽，壮烈牺牲鬼神气。"武汉"4·29空战"中，年仅22岁的飞行员陈怀民驾机撞向敌机，用生命在长空划下一道抗击外敌、至死不渝的革命长虹。

"我爱你们，但更爱我们的国家。"途经武汉，国民革命军第9军军长郝梦龄对儿女们语重心长地说。战场上，年仅39岁的郝梦龄，面对敌人强攻，他毫无惧色，亲临前线指挥，最后血染疆场。

"一定要死守阵地，没有子弹，用刺刀刺，用大刀砍，用石头砸，最后用牙咬，要坚持与敌人血战到底。"国民革命军第33集团军总司令张自忠就义前对身边将士下达命令。

武汉的陈怀民路、郝梦龄路、张自忠路等冠以的是一个个抗战英雄的名字，纪念的是这段可歌可泣的抗战历史。

保护地名文化就是秉承首义精神

武昌城头的枪声已离我们远去，胜利街前的硝烟吹散了，历史的车轮走过百余年。然而，站在历史的潮头，武汉人更加注重地名文化的保护，因为人们深知：保护地名文化就是秉承首义精神，就是为复兴大武汉提供精神动力。

"但凡地名，都会包含有文化信息，老地名更是如此。地名不仅仅是地方的代称，还是地方文化载体之一。一个能够长远流传的地名，总会在历史发展的过程中注入较多的文化含量。"武汉市方志研究专家董玉梅认为，有的地方人物虽然消失了，但文化精神还在地名中留存，我们可以从地名中寻找城市的过去，启迪城市发展的未来。

江汉大学教授涂文学认为，"敢为天下先"不仅是首义精神的精髓，更是楚人开拓创新、创造奇迹的一面大旗。如今，长江之滨，蛇山之下，武昌辛亥革命红楼旗帜依旧飘扬，并成为弘扬首义的爱国主义教育基地。"民国之门"前的孙中山铜人像如一个岁月老人俯瞰江城，见证着这座有着革命精神的城市在复兴之路上崛起……

远望滇池一片水 山明水秀是呈贡

任维东[1]

　　早在抗战时期，著名社会学家费孝通就这样称赞呈贡："远望滇池一片水，山明水秀是呈贡。"初夏的清晨，记者步入呈贡的核心区：蓝天白云下，清新的空气、葱茏的绿树、林立的高楼、平坦的马路、整洁的街道、低碳的设计、众商云集、高校名企入住、百姓安居乐业……呈贡地名的历史与未来在记者面前徐徐铺展。

3万年前"昆明人"的繁衍生息地

　　呈贡位于云南省滇东高原腹地、滇池东岸，名字颇有来历。作为古滇文明的重要发祥地，呈贡本为彝语"柴谷"，意思是水边盛产稻谷的坝子，从古到今都是滇中久负盛名的鱼米之乡。

　　远在3万年前，"昆明人"就在这里繁衍生息，其遗址位于今呈贡大渔乡的龙潭山。此山状若馒头，山顶高于滇池水面约47米，山上溶岩洞穴甚多，富含古人类、旧石器及哺乳动物化

1　任维东为光明日报记者。

石。当时的"昆明人"已能种植水稻、捕鱼和狩猎。

公元前3世纪，楚国大将庄蹻率部入滇，在呈贡建立了盛极一时的古滇王国。距今2800年的西周昭穆时期，今呈贡小古城天子庙一带已建有奴隶制地方侯王城邦。公元前109年，西汉王朝在古滇国区域设立益州郡，呈贡属于益州郡谷昌县地。公元十二年（1275年），首次设置呈贡县。明洪武十六年，呈贡县属云南府。

蕴含民族戍边多要素

呈贡古时是彝族先民的居所，如今则是汉、彝、回、白、苗、傣、壮等多民族聚居区。漫步呈贡，不难发现呈贡区内的不少地名与少数民族、历代军队戍边屯垦等有密切关系。比如"回回营"，就是因为回族人齐聚一起而得名。

而呈贡的七甸、头甸，又和彝族相关。地名专家吴光范研究发现："称甸地名是彝语支民族的语言属性。云南不少称甸地名很古老。"在他看来，正是彝语支民族把"山间平地"称呼为"甸"，也正是在他们语言的影响下，产生了云南居于全国首位、数量众多、称呼也最为奇特的称甸地名。

同云南许多地方一样，在昆明呈贡区内还有大量带"营"字的地名，譬如吴家营、倪家营、王家营、段家营、郎家营、缪家营、刘家营、前卫营等。

为何这些地名中有这么多带"营"字的呢？从元朝起，就有军队屯垦戍边的做法。而在公元1381年（明洪武十四年）九月，朱元璋皇帝命傅友德为征南将军，以蓝玉、沐英为副将，率三十万明军征讨云南。这些军队战后都留在云南各地实行屯垦戍边。因为当时屯田军队建制多以"营"来命名，这里的地名里就留下了很多"营"。因此，诞生了以领头军官姓氏命名的地名。为便于调动指挥，当时驻军首领一般都有一面写着自己姓氏的大旗，在营地都悬挂着各自旗帜，所以又有了以总旗官姓氏命名的"王旗营""宋旗营"，或者以驻扎地首领军官命名的"刘家营""马家营"。

地名反映呈贡新变化

从古至今，呈贡可谓人杰地灵。这里有明末清初诗画兼通的苍雪和尚、著名理学家文祖尧、清代书法家孙铸、学者秦光玉、"左联"代表作家张天虚等。

抗日战争时期，一批国内文化名流旅居在此。冰心、杨荫浏、沈从文、李景汉、钮经义、燕树堂、沈如瑜、陈达、戴世光、唐敖庆、张震海、朱玉珍、费孝通、田汝康、陶运逵等均在呈贡进行过著书、讲学、社会调研等活动。

徜徉呈贡，有着历代王朝印记的文化遗存依然有迹可循。位于呈贡东门街、始建于明洪武十六年的文庙，清代重修，现保存基本完好，抗战期间清华大学国情普查研究所曾迁设于此；砖木结构的化城穿心阁，建于清代，现保存完好；建于清代的古城魁阁，为呈贡地标性建筑，被誉为中国社会学的重要发源地，抗战时期费孝通于此组织专家学者陶云逵、张之毅、许烺光、谷苞、田汝康、胡庆钧等探索研究中国的社会发展状况，完成了《云南三村》等调研文稿，开创了名噪一时的"魁阁学派"；冰心默庐，为三间六耳土木建筑，建于民国，抗战时期著名作家冰心在此客居三载，西南联大著名学者梅贻琦、郑天翔等周末常于此聚会，谈古论今。

新中国成立后特别是改革开放以来，呈贡的经济社会获得迅猛发展，今日呈贡的面貌更是日新月异，在城市化中新增的一批街名充分反映出呈贡的新进步、新变化。比如，被称作"大学城"的一带，云集了云南大学、云南师范大学、云南民族大学、昆明理工大学、昆明医科大学等搬迁来的云南省著名高校，还有以生物产业为代表的生物谷街，因著名制药公司云南白药落户而命名的云南白药街，拥有中国乃至亚洲最大鲜切花花市的斗南街，等等。

从2003年5月启动呈贡新区建设起，到2011年5月国务院批准呈贡撤县成为昆明市的一个区，现如今，一个宜居宜业的高原湖滨生态城展现在世人面前，其地名记录着它的跨越式发展，成为呈贡历史和未来的见证。

地名，是历史命运的容器

「城市是有生命的，地名便有了生命的意义，也就是有着和生命一样丰富和深刻的含义。如果这个地方有其独有的历史与命运，地名便是这历史命运的容器。如果这些城市随随便便换

去了名字，你说它失去的是什么？」

地名演变 文化之脉不能断

李陈续[1]

地名是地区历史文化标签，一个地方叫什么名字，绝不是随心所欲的称呼，而是文明演进的记录和见证。正是因为地名承载着历史与文化的基因，寄托着乡情乡愁，所以，由本报与民政部区划地名司联合主办的"寻找最美地名"活动，得到了各界广泛关注。

由于驻站安徽的缘故，自"寻找最美地名"活动启动以来，记者收到许多人士的来电来函以及电子邮件。其中内容，除了对活动的褒扬与建议，话题多集中在对"徽州"更名为"黄山"的遗憾与惋惜上。按照报社安排，记者对"徽州"的前世今生进行了探寻。

作为一个完整的地理与历史概念，"徽州"，包括现在的安徽歙县、黟县、休宁县、绩溪县、祁门县和江西婺源县。

在这块位于天目山脉和黄山山脉之中、新安江畔的土地上，远古时期就有人类生活。先秦时期，这里先后成为吴国、越国和楚国的辖地。秦始皇统一六国之后的公元前221年，设

1　李陈续为光明日报记者。

会稽郡歙县、黟县，延续至其后的四百多年。进入三国两晋南北朝时期，一直到公元1121年的北宋，这块土地的地名，以"新安郡"时间最长，其次是歙州、新罗郡、新宁郡。公元1121年，北宋设江南东路徽州，其辖区与我们所说的"徽州"概念相同，一直延续到此后近800年。而在民国时期，废府留县的管理体制，行政区划意义上的徽州不再存在，保留的是安徽省歙县、黟县、休宁县、绩溪县、婺源县、祁门县。

新中国成立后，建立皖南行署徽州专区，后改为安徽省徽州专区和安徽省徽州地区。但此时，徽州的地理意义已不同于历史——1949年，婺源县划归于江西省上饶市；而绩溪县则划归安徽宣城，歙县、黟县、休宁县、祁门县仍属徽州地区所辖。

1988年7月，地级市黄山市正式成立。而在此前的1987年，国务院有关领导和专家在多次调研考察基础上，确立了撤销徽州地区建立地级黄山市的构想，并做出决定。

徽州之所以更名黄山，最主要的原因是黄山景区旅游开发和生态保护的需要。1979年7月12日至15日，邓小平同志视察黄山，发表了著名的"黄山谈话"，不仅比较集中地阐发了关于中国旅游业发展的思想，而且具体地对黄山旅游给予指导，并要求安徽省委和当时的徽州地区"一定要把黄山的牌子打出去！"按照指示精神，安徽在黄山旅游发展上采取了多种措施。首先成立厅级黄山管理局，隶属省政府。1983年12月，经国务院批准成立省辖县级黄山市。而1986年6月，为理顺管理和利益关系，又对黄山管理局改由省和徽州地区双重领导，业务上以省为主；县级黄山市由徽州地区代管。

然而，管理不顺和利益关系复杂，使得黄山开发保护依旧困难重重。1986年7月9日，《光明日报》刊登了胡子昂、钱昌照、周培源等50多位各界著名人士联名给党中央、国务院的建议：将黄山市建成中国的世界公园。此后，撤销徽州地区建立地级黄山市的构想得到实施。撤区建市以后，黄山市与黄山风景区利益一致，管理体制顺畅，旅游开发与生态保护均取得显著成效。如今的黄山，已经成为世界闻名、中国最知名的旅游胜地。同时，黄山风景区也成为联合国教科文组织及国际旅游界公认的"保护楷模"与"管理样板"。

从成立县级黄山市开始到撤区建市至今，关于黄山更名的争议也一直存在。争议的内容，更多的是对徽文化保护与传承的忧虑。

千百年来，尽管朝代更迭，名称变换，但徽州地域相对稳定，为徽州文化体系的形成和发展创造了良好的条件。尤其是明清时期，随着徽商崛起而形成的雄厚经济基础，徽州文化更为昌盛。作为一个极具地方特色的区域文化，包括徽州历史名人、徽州教育、新安理学、新安医学、徽州戏曲、新安画派、徽州工艺、徽州文书、徽派建筑、徽州村落等在内的徽州文化，几乎全息包容了中国后期封建社会民间经济、社会、生活与文化的基本内容，被誉为是后期中国封建社会的典型标本。

毋庸讳言，"徽州"更名为"黄山"，客观上给徽文化的传承保护，带来了负面的影响。尤其是"徽州"的行政区划分属两省三市，更是对文化传承的系统性、完整性带来了许多制约。为了弥补行政区划割裂和更名给徽文化保护传承带来的缺憾，2008年初，经文化部批准，徽州文化生态保护实验区挂牌成立。作为徽州文化孕育发展的主要空间，安徽省黄山市、宣城市绩溪县和江西婺源县成为我国第一个跨省行政区划的文化生态保护实验区。实验区总面积13881平方公里，总人口200万人，按照规划纲要侧重于对非物质形态的徽州民俗、民歌、文书、方言等的保护。实验区运行以来，在徽州古村落、古建筑保护以及徽剧、徽州民歌、程大位珠算等非遗项目进校园和非遗保护等方面取得了显著成绩。

斗转星移。作为文化印记的地名，在历史的潮流之中或保留或改变，在所难免。最为重要的是，我们要尽力保护地名文化，尤其是要把其承载的文化精髓传承光大。记者认为，当年"徽州"更名为"黄山"，在黄山走向世界的进程中立下功劳，但是，也留下了"可惜从此无徽州"的深深缺憾。地名，不能且更不应该改来改去，加之行政区划的限制，恢复"徽州"之名，恐怕已无可能。但是，让徽州文化之脉绵延不断，各级党委政府和社会各界当责无旁贷！

地名演变，不变的应是文化传承！

地名更迭 "文化细胞"不能遗失

赵秋丽　李志臣[1]

地名是活跃的文化细胞，是一种社会文化现象。作为表称地点的文化符号，它积淀了丰富的历史文化内容，形成了一道道文化印记，体现了自然与人文的交融。"寻找最美地名"活动开展以来，关于地名更名的话题被广泛讨论，这其中，网友对兰陵更名的议论尤其多。针对网友的质疑，记者近日对此进行了深入了解。

作为中国古代名邑，兰陵建县至今已有2270多年的历史，是今山东省境内最早设立的县治，被誉为"山东第一县"。兰陵历史悠久，名人辈出，既是美酒之都，又是文化名城。在我国文化发展史上，传说中造字的仓颉、造律条的邱营均出自兰陵。见诸史册的还有季文子、左丘明、匡衡、萧望之、鲍照、萧道成、何逊、兰陵笑笑生、王思玷等，千百年后仍为世人称颂。战国晚期，著名思想家、教育家、一代儒学宗师荀子，曾被春申君两度委任兰陵令，兰陵也成其终老之地，现兰陵县兰

---

1 赵秋丽、李志臣为光明日报记者。

陵镇东南1.5公里处建有荀子墓。唐代大诗人李白也曾醉卧兰陵，留下了"兰陵美酒郁金香，玉碗盛来琥珀光，但使主人能醉客，不知何处是他乡"的千古名篇《客中行》。

记者了解到，目前的兰陵县，隶属于山东临沂，是由苍山县更名而来。兰陵县有关负责人告诉记者，"兰陵"是祖先留下的一个底蕴丰厚的优美地名，一笔你足珍贵的文化财富。而苍山县名始于1947年3月，为纪念1933年7月我党领导的"苍山暴动"，中共鲁南区委决定设立苍山县。随着经济社会的发展，苍山县名的局限性逐渐显现，其名忽略了兰陵文化的影响，也未能反映当地的自然地理和人文特征。

此外，根据《地名管理条例》第四条规定："全国范围内的县、市以上名称，一个县、市内的乡镇名称，一个乡镇内的村庄名称，不应重名，并避免同音。"而苍山县名与外地地名存在重名、同音问题，最主要与云南省大理市"苍山"重名，后者是全国著名的旅游景点。重名、同音问题经常引起混淆，给社会交流交往造成很大不便。

鉴于此，苍山县更名为兰陵县的呼声一直持续不断。2006年8月31日，苍山县政协汇集社会各界和广大群众的意见，向县委、县政府提出了《关于将苍山县更名为兰陵县的建议案》，苍山县更名兰陵县工作开始启动。2013年12月27日，国务院批准苍山县更名为兰陵县。2014年1月21日，苍山县举行了更名揭牌仪式。久违的"兰陵县"重回人们的视野。

"苍山"改成"兰陵"，虽然让人在称呼上一时有些不适应，但却以其"兰陵文化源远流长影响巨大"的认同感，赢得了广大市民的普遍点赞。兰陵文化研究中心研究员焦子栋说，在夏、商、西周时代，兰陵为鄅国属地。春秋时，为鲁国所辖，鲁国大夫季文子在此设次室邑。公元前487年左右，楚越争霸，成为楚国边陲重镇，楚国是最早实行县邑制的国家，为此在兰陵初设县邑。秦以后，几乎历代都一直保持着"兰陵县"的历史建制。在魏晋时期，还设立兰陵郡。在楚国争霸时期，还做过短时期的楚国都城。他认为，从古兰陵的文化坐标上看，它既具有帝王文化、圣人文化，又具有民间民俗文化，在全国历史文化资源中占有重要地位。

对兰陵历史文化颇有研究的枣庄学院教授杨传珍认为，苍山改名兰陵，在学理和法理上，都没有问题，因为今天的兰陵县所在地下庄，是战国、汉代兰陵县辖区，更是西晋兰陵郡辖区。同时，他表示，如果把兰陵县城设在今天的兰陵镇，更加合适。

循着历史的文化脉络可以发现，山东省苍山县易名兰陵县可谓水到渠成、恰逢其时，重拾起散落的"文化细胞"，也必将使华夏古县、文化兰陵的知名度、美誉度得到更大提升。同时，记者在此提醒，在以后的地名更迭中，不管名称怎么改换，但蕴含其中的"文化细胞"不能散落、不能遗失。唯其如此，地名这个文化符号才能散发出恒久璀璨的独特魅力。

驻马店更名　莫纠结莫冲动

刘先琴[1]

"我叫驻马店，本名'苎麻'，镇东古有苎麻村，因此有了这个名字。后来到了明朝，我就成了交通要道，传递文书、运输等中途暂息、住宿换马，都要经过我这里。大家说我的名字有些土，好无辜。我也曾申请过改名，但专家不允许，说俺是有文化内涵的，不能随意更改。"这是2015年春节被热议的一条微博，从中可以看出河南省驻马店市更名的冲动和纠结。

在不少驻马店人眼中，"驻马店"这一地名既尴尬又老土。中州古籍出版社1988年出版的《驻马店市志》中记载，驻马店本名"苎麻"，因镇东古有苎麻村，故名。明天顺初年（1457年）成镇，始沿镇东古村名叫"苎麻"；明成化十年（1474年），这里成为南北驿站，崇简王在此设驿站，改苎麻为"驻马店"。新中国成立后，在此先后设有省辖市、县辖镇，皆用"驻马店"名称。1965年设驻马店专区，1967年改称驻马店地区，2000年8月撤地设市。

其实，驻马店在西汉、东汉，一直到隋朝都是汝南郡，唐

1　刘先琴为光明日报记者。

朝、宋朝为蔡州，明朝为汝宁府，汝南自春秋战国时代建制以来，距今已有2700多年的建城史。上自秦、汉，下至明、清，汝南一直是郡、州、军、府治所，为八方辐辏之地。汝南境内文化遗址有280多处，被河南省政府确定为历史文化名城，也被中国民间文艺家协会命名为"中国梁祝之乡"。2006年6月，汝南"梁祝传说"又被列入首批国家级非物质文化遗产名录。古时汝南素有"豫州之腹地，天下之最中"的称号。《禹贡》《读史方舆纪要》《古今图书集成》《河南通志》《汝宁府志》等记载，禹分九州时，豫州为九州之中，汝南又为豫州之中，故此地被称为"天中"。

走在驻马店的街头，你会发现很多场所都离不开"天中"二字。"天中市场""天中饭店""天中广场"，这些地方已经成为当地市民生活的一部分，也成了外来游客观光旅行的窗口。据了解，当地晚报叫《天中晚报》，学术期刊叫《天中学刊》，科研机构"天中历史文化研究所"对外宣传用"欢迎您到天中来"等。频繁出现的"天中"其实暗合民众的朴素愿望，已成为"驻马店"的代名词。

因此有人认为，驻马店的名字太"土"，应更名为"天中"；还有人建议，驻马店历史在汝南，应将驻马店改名为汝南。驻马店为改名进行过不少努力。1999年，驻马店师专（现在的黄淮学院）成立了天中文化历史研究所，着手进行理论研究；2000年，驻马店市提出改名请求，但没有结果；2004年，该市召集了河南大学、河南省社会科学院和市内专家，开展了声势不小的"天中文化研讨会";随着研讨会的进行,该市改名冲动再起,专门成立了以一位副市长为领导的改名小组,具体运作改名事宜。

"我们专门准备了一套改名的画册,上面有关于天中文化与驻马店关系的材料介绍,也有一些图画及改名的原因。这些材料已经上报给省民政部门和相关领导,并得到了支持和通过,现在正向国务院递交申请材料。"一直参与改名运作的驻马店市文联主席刘康健说。

河南省地理研究所所长冯德显当时就是省民政厅组织的专家评审团成员之一,对驻马店改称天中市一事历历在目。他自己当时是反对驻马店改名的,他告诉记者,其实驻马店这个名字不能单纯理解为苎麻的谐音,它还有一定的文化内涵和历史传承。明朝时,官方在这里设立驿站,即供传递文书、官员来往及运输等中途暂息、住宿的地方、旅店或补给、换马的处所,说明这里古代是交通要道、南北通道,从这一点上来说,驻马店这个名字不能随意改,改了就抹杀了这个城市丰厚的历史文化内涵。

自1999年前后开始的更改地名运作,虽因各种原因没有获批,但植根于发展的更名冲动依然没有消减。

近年来,驻马店的发展变化有目共睹,仅旅游一项,2014年就接待国内外游客2025万人次,比上年增长20.2%,旅游总收入106.5亿元。2015年全市经济工作的九项任务中,把大力实施开放招商,积极承接产业转移放在了第一位。

"走出去搞推介宣传,一开口咱是天下正中,多气派,驻马店,唉,人家以为是个乡村!"市里的有关部门,经常会听到这样的说法,更加证明改名的背后是政府和民众对于推介旅游产业和发展经济的热望。也许,改名是扩大经济增长的一种思路。当年一些地方县改市、改区,撤专区设地级市,比如,云南省中甸县更名为香格里拉县,四川省南坪县改名为九寨沟县,湖南省大庸县改名为张家界市,把行政区划名称与旅游目的地统一起来,形成社会共识,通过旅游开发的整合营销,成功地提高城市知名度,带动了城市经济发展,这些地方的成功运作,也有着导向效应。

　　尽管如此,城市更名的弊端依然存在:湮没城市历史文化,增加社会管理成本,给人们交流交往带来不便。一个地方名称的更改,是包括历史、文化、社会、经济等方面的系统工程。简单地改名,不见得有效果,反而可能会付出很大的代价。"因改名造成的经济和社会成本,是当地有关部门首先要面对的问题。还是把工作花在发展经济、改善民生、提高城市品位上好,至于改名要谨慎考虑,三思而后行。"驻马店市主要领导的意见,记者深以为然。

"东西犹在""文武已失"

韩业庭[1]

　　光明日报开设的"地名的故事·那些历史那些乡愁"栏目，让记者再次想到几年前北京那次行政区划调整及改名的事情。那次行政区划调整，原崇文、宣武、东城、西城四区被撤销，随后成立新的东城区和西城区。从名字看，崇文区、宣武区被取消了，保留了东城、西城二区。

　　崇文区得名于区内的崇文门，取"文教宜尊"之意；宣武区得名于区内的宣武门，取"武烈宣物"之意。

　　古人在思想和形式上都追求和谐统一，北京内城南城墙中间为"正阳门"，崇文门、宣武门则分居其左右两侧。左崇文右宣武的格局，在阴阳五行中，又另有含义，东方属木，主生，西方为金，主死，所以古时进京赶考的举子都走生门——崇文门；出殡以及押赴菜市口的死囚都走死门——宣武门。

　　这一左一右，一东一西，一生一死，一文一武的两座城门后来又被赋予了不少特殊的含义，比如"文成武德，文武并重""文治武安，江山永固"。而今天看来，崇文、宣武，可谓

1　韩业庭为光明日报记者。

文武之道，一张一弛。对内以文治国，半部论语治天下，谓之"崇文"；对外以武安邦，不战而屈人之兵，谓之"宣武"。简单的两个地名，其实承载着中华传统文化中的治国思想。

崇文、宣武作为行政区的名称，是新中国成立后的事情。解放初，北京城区区划调整频繁，先后由20个区调整为12个区，后又合并成9个区。1952年9月，第七区更名为崇文区，第八区改称宣武区。后来，各自的区界几经变动，直到1958年，两区的区划范围才逐渐稳定下来，形成了后来的格局。

2010年7月1日，经国务院批准，北京市对首都功能核心区行政区划做出重大调整，崇文区、宣武区整体行政建制被取消，原西城区与宣武区合并，成立新的西城区；原东城区与崇文区合并，成立新的东城区。至此，崇文区、宣武区成为历史。

20世纪90年代以来，北京人口迅速增加，城市规模迅速扩张。作为北京城的核心区，原东城、西城、崇文、宣武面积都比较狭小，可地狭人密，发展空间大大受限。并且由于种种原因，核心四城区发展极不平衡，位于南部的崇文、宣武落后于位于北部的东城、西城。因此，通过行政区划的合并调整，有利于对现有的空间资源进行有效整合，提高核心区的承载能力和服务水平，同时也有利于解决四个区结合部管理薄弱的状况，推进核心区南北均衡发展。

不同的历史时期，为了充分发挥城市整体功能、促进社会经济发展，将城市的行政区域重新划分是正常的，也是必要的。然而，行政区的命名却不应不慎重。土耳其著名诗人纳齐姆·希克梅特有一句名言：人的一生有两样东西最难忘，一是母亲的面孔，一是家园的面孔。崇文有全国"工艺美术之乡"的美称，有"崇文三宝"（天坛公园、明城墙、永定门），宣武更是北京城的肇始之地、宣南文化的发祥地和北京城著名的传统商业区。当古城墙和古城门逐渐消失，当四合院和胡同慢慢离我们远去，承载我们对家园记忆的或许只有家园的名字了。由此我们不难理解为什么崇文、宣武被取消后，那么多老北京市民表现出巨大的失落感，因为他们关于家的记忆由此便断裂了。

法国学者绍克吕说："地理是横的历史，历史是纵的地理。"那么，地名便是这"纵横"网络上繁星一般的自然实体的标记。以崇文、宣武命名城门已近600年，用它们命名行政区也已有半个多世纪。在这漫长的历史岁月中，崇文、宣武已经不单单是两个用来标记地理位置的名字，它们已经成为城市文化的胎记，体现着城市的底蕴，反映着城市的文脉，映衬着城市的特色。新的行政区划命名为东城、西城，结果"文武"变"东西"，从名字上人们已经看不到文化，看不到底蕴，也看不到特色了。甚至有老北京人感叹："'东西犹在'，'文武已失'，北京不再是原来的四九城了。"

六年过去了，"文武"变"东西"的遗憾已然造成，后悔抱怨也已无济于事。今后，地名的演变、更改仍会继续，我们希望有关部门在修改地名时，能多听听百姓的意见，多听听专家的意见，多考虑一下历史和文化因素，不要让遗憾再次出现。

地名文化，蕴涵着中华文化的血脉根系

说不尽的历史，道不尽的乡愁。地名文化蕴涵着中华文化的血脉根系，记载着人们对自然环境和人文环境的认识和思考，见证着社会生活的变迁与发展，是中华五千年文明不可或缺的一部分。

"地名"以外的地名

地名不仅是一个名称所代表的空间范围和时间范围，还存在地名本身以外很多方面的内容。我们现在讲地名的时候，往往忽略了它们的时间意义和概念，因为从空间范围讲一个地名，无论点还是面，是通过地理坐标，用具体界限划定的。但是任何一个空间范围其实都与一定的时间范围相联系，这个时间范围有的长有的短，在这个时间范围里面又与很多地名以外的事物和因素相联系，所以地名除它们的本意之外，还有其历史的、文化的、社会的、民族的等各方面的意义。

每个地名都有丰富的历史内涵

早期的地名实际上反映了族群分布，尽管我们对它们的具体内容还不了解。如商朝人，几乎将所有做过都城的地方都称为"亳"，早期迁移到的地方也命名为"亳"。又如，山东好几个地方地名都带"不"（音夫），其实这也是反映某一

---

1 葛剑雄为全国政协常委、复旦大学资深教授，此文为葛剑雄2015年5月在光明日报的演讲稿。

个族群的流动或者分布的特点。再如"姑"字，江南有好几个地名有这个字，最著名的是苏州，被称为姑苏。对姑字以前有几种望文生义的解释，但我的老师谭其骧先生认为"姑"没有具体意义，只是越人的发语字。但这类地名的存在反映了某支越人的分布。再如敦煌，从汉朝开始就有人根据汉语解释"敦煌"二字的含义，后来日本学者指出敦煌不是来源于汉语，而是来自土著民族的语文，汉字是采用音译，所以不能按字面解释。不仅敦煌，我国西北地区还有很多地名，当汉朝人记录下来时已经无法考证它们的含义，但都反映了古代西域一些族群的分布，以及族群的影响，但在这些方面我们目前研究很不够，将来或许能通过这些地名破译民族成分的密码。

早期的地名后来成为国名，成为朝代的名称，其实开始往往是指具体的地方，例如秦、汉、魏、晋、宋等。以"汉"为例，来源于汉水，因为有了汉水，才有了汉、汉中等地名。刘邦的封地在汉中，成为汉王，以后他建立的朝代就是汉朝。因为汉朝在中国历史上有重大的影响，基本上奠定统一中国的疆域，所以这个民族主体被称为汉族。这些地名经历具体的事件后发展成国名，因为开国皇帝或者统治者往往会把这些地方作为发祥地，以后成为朝代名称。

地名的迁移也反映人口迁移或民族的迁移。比如汉高祖刘邦的祖籍是丰县（今江苏丰县），他父亲长期生活在丰县。刘邦做皇帝以后将父亲接到关中，尊他为太上皇。但太上皇却闷闷不乐，表示住在关中不开心，因为听不到乡音，看不到邻里斗鸡遛狗，吃不到路上卖的饼。于是刘邦下令将丰县居民全部迁至关中，为他们建一座新城，完全模仿复制丰县。据说复制非常成功，移民将从家乡带来的鸡狗放在城里，都能找到原来的窝。这座新城被命名为新丰，就这样，丰县的地名被搬到关中。像这样的例子历史上不止一个，所以我们往往能看到早期地名从北方搬到南方，从中原移到边疆。

北京郊区有很多以山西州、县或者小地方命名的地名，是因为明朝初年有大批山西移民，整体迁到北京郊外，所以留下很多山西地名。但是这样一种地名搬家也出现过败笔，我认为最大败笔是乾隆皇帝把西域改名为新疆，"新疆"原指在贵州境内一片少数民族居住的地方，后来被设置为几个县，所以当地称之为新疆。乾隆年间，天山南北路平定之后，西域被改称为新疆，以后建省时也用了这个名称。这当然是乾隆皇帝为了宣扬他的赫赫武功。尽管这不会改变新疆自古以来属于中国的历史事实，但还是授人以柄，增加不必要的麻烦。外国有人攻击我们，说中国到乾隆年间才占有新疆的，因为你们自己都承认新疆是你们新的疆土。其实清朝学者已经发现漏洞，所以他们解释为"故土重新"，但这也可以解释为左宗棠从阿古柏叛乱中收复新疆。这至少是改地名的败笔，如果沿用西域，与二千多年前一致，岂不更好！

还有很多地名本身就记录了一段历史，最典型的，是今山西、河南两个县的名称：闻喜和获嘉。闻喜本是西汉河东郡的曲沃县，汉武帝经过时获悉平定南越叛乱的喜讯，即改名闻喜。当汉武帝行经河内郡汲县新中乡时，又传来了发动叛乱的南越丞相吕嘉被俘获的消息，即下令在此新设一县，命名为获嘉。类似地名还有很多，每个地名都记录了一段历史。

又如重庆本来叫恭州，南宋淳熙十六年（1189年）正月，孝宗之子赵惇先封恭王，二月即帝位，为光宗皇帝，称为"双重喜庆"，于是升恭州为重庆府，重庆由此而得名。所以有很多地名，如果仔细了解研究一下它的来历，往往就是对本地历史的重要记载，有的甚至是很重要的篇章。

同样，地名在对外关系上也有表现。最典型是解放时被称为镇南关的地方，为了表示与越南的友谊而改名睦南关，以后为了突出与越南"同志加兄弟"的亲密关系又改为友谊关。20世纪80年代，我去友谊关考察，越南大炮把友谊关屋顶打穿的洞还在，那时候看到友谊关这几个字感到啼笑皆非。但是最近去的时候，不仅友谊关楼已经修好，而且我已经能够站在新划定边界线上照相留念了，现在至少这个关的确是友好的。

地名在民族关系上也有表现：新中国成立前被称为绥远的地方，新中国成立后我们改称为呼和浩特；比如乌鲁木齐原名是迪化。有的不一定改，却反映了民族关系的历史事实。清朝实行改土归流后，新设了一批府级政区，在命名上都看得出，比如湖北恩施，所辖县原来都是土司，新设府县被看成朝廷施的恩。

还有很多纪念性质地名，从最早将黄帝陵所在地称作为黄陵，到近代全国各地很多以"中山"命名，比如中山路、中山大道、中山公园，广东香山县改为中山县，现在叫中山市。国民党政府为了表彰卫立煌，曾在安徽六安县金家寨设立煌县。抗战胜利后台湾光复，各市都有马路改名为中正路，上海的爱多亚路也改名为中正东路。台北有罗斯福路，新中国成立后东北的城市中有斯大林大街。还有颂扬性的名称，并不太明显，实际上大家都明白，比如说中共一大会址的地方，原来是望志路，是用法国人的名字命名的，解放不久改名兴业路。这些地名有些存在时间很短，有些持续至今，这就反映出不同时期政府与民众的意志和情感，也反映出被纪念者的影响程度。

　　有一些地名反映一个阶段或一段时间的观念和价值趋向。比如民国年间冯玉祥主政河南时设博爱县、民权县，台北市有忠孝路、信义路、仁爱路等，各地有不少地名以自由、民主、和平、幸福、解放、复兴、建设等命名。

　　有的地名是地理环境的反映，这类地名在研究历史地理时很有意义。有的是当初概念与今天不同，有的当初是对的，但现在地理环境发生了变化。这也是具有规律的，比如河南与河北划分是以黄河为界，但也可发现，河南省有一些地方跨到黄河北边，所以地名本身归类是一回事，但以后发生了变化，这变化恰恰为我们研究历史上地理环境变迁提供了根据。

　　还有一些地名体现了近代殖民的历史。帝国主义侵入我国后，一些地名发生了变化，比如东北的一些地名，在俄国入侵之后被换成俄国地名，香港被英国占据后，很多英国地名被就搬到了香港。比如香港的太子道，就是因为1922年英国王储爱德华到访以后，将一条街道改名的。又如上海的戈登路（今江宁路），就是当时为了纪念参与镇压太平天国的英国人戈登。霞飞路是用法国著名将领的名字命名的，新中国成立后为纪念淮海战役改名淮海路。

总之，地名如果只是记录它所代表的空间范围，那么它是纯粹的地名。实际上，地名所包含的内容非常丰富。

"中国"称谓的变迁和含义

"中国"这两个字最早发现是在这件青铜器上，考古学家称之为"何尊"，它是1963年在陕西省宝鸡县被发现的。尊上面有铭文，铭文上面出现两个字，就是我们现在看到最早的"中国"二字。铭文中叙述了这样的大意："武王在攻克商朝首都后，举行了一个隆重的仪式向上天报告："我现在占有了中国，准备把它当作自己的家，并且统治那里的民众。"

中、国这两个字最早都是象形文字。"中"本来是一名特殊的大旗，是商朝人为召集他的部队和民众集合用的标志。由于集合时这面旗帜总是处于中间，以后就衍生出中心、中央、最重要的等意义。

"国"（繁体写成國）也是一个象形文字。中间的口表示人，有几个口就是几个人，所以称为人口。口下面的一横杠表示一片土地，无论生活或生产都离不开自己的土地，所以还得有人拿着戈守卫。为了更安全，需要在四周筑上一道城墙。所以国实际上是有围墙围起来的，有人守卫一个居民点，一个聚落，一座城，古代又称国。

"中国"的含义就是在很多国里，处于中心的、最重要的国，这就是中国。商与西周的国都很多，春秋初期还有一千多个。在这么多国中间谁有资格称为"中国"呢？只有最高的统治者，比如说商王以及后来的周王，他们居住的地方才有资格称为中国，"中国"是天子所在的国。

但东周时天子的地位名存实亡，各诸侯国间相互吞并，国的数量越来越少，国土却越来越大。到战国后期，只剩下秦、楚、齐、燕、韩、赵、魏七国和若干小国，所以诸侯都开始以中国自居。公元前221年秦始皇统一六国，建秦朝，称皇帝，自然也自称中国了。以后历代王朝都自称为中国，连入驻中原的少数民族，或者与中原关系密切的政权也都自称中国，中国概念从一个点扩大整个国家，甚至包括边疆的少数民族的政权。比如契丹人建了辽朝，到辽朝后期，也认为自己是中国的一部分。南北朝时，南朝、北朝都称自己为"中国"，而骂对方是"索虏"、"岛夷"，隋、唐统一以后它们都成了"中国"一部分。"中国"实际上成了这个国家的代名词，但各朝都有自己的国号，如清朝称大清、大清国。

1912年中华民国建立，开始有了"中华"和"中国"两种简称，以后基本是都用中国了。但是基本上人们习惯使用

"中国"。

在古代，中国的民族含义等同于华夏诸族或者汉族，与之对应的称呼是"蛮"、"夷"、"戎"、"狄"，比如"南蛮"、"东夷"、"西戎"、"北狄"，或者"蛮夷"、"夷狄"。文化上的含义也只指华夏、汉族的文化，不包括其他民族。今天的中国当然应该包括组成中华民族的各族，而广义的中国文化也应该包括56个民族的文化。

历史上，中国的地理概念往往等同于中原，但这个中原并没有明显界限，并不一定就是河南省，甚至更大范围，都可以称为中原，如山东、山西、陕西、河北、安徽等地。

"中国"两个字从3000多年前发展到今天，与中国的国土、人口、民族、文化、历史密切相关。中国所蕴含的意义，不是简单以多少万平方公里或者地理坐标所能诠释的，是一部活生生的国家和民族发展史。

"北京"的演变

以北京为例，"北京"这个地名我们可从两方面分析。一是北京这一块土地它的名称有过哪些变化；一是北京这两个字在历史上曾经代表过哪些和多少不同的空间范围。

北京这个地方最早能找到地名是燕和蓟，在周武王封燕以前，"燕"这个地名已经存在了，又称为蓟。到秦汉时，出现了广阳郡，郡是县以上一级政区，在汉朝郡与国并行，所以一度被置为广阳国。附近两个与广阳郡关系密切的，一个是渔阳郡，一个涿郡。所以，也有把渔阳、涿郡来代表北京的说法。东汉以后又出现了幽州，燕国还曾被称为范阳郡、范阳国，燕国后来一度又出现燕郡，这些名称都是交替出现的。"燕"实际上最早是燕城，以后有燕国，有燕郡，涿郡更靠近原来的蓟县。到了金朝，北京这块地方被称为中都大兴府，后来又有了大兴县。元朝时被设为大都路，成了首都。

明朝地名变化最为复杂，但奠定了今天北京的基础。明初设立北平府，后因明成祖迁都，把北平府改成顺天府。在一级政区（相当今省级）设了北平布政使司，当时南京被称为京师。迁都到北平以后，北平改称为"京师"。但因为原来的京师还保留首都地位，为与北方的京师加以区别，被称为南直隶、南京，京师就被称为北京。清朝官方一直称现在的北京为"京师"，周围的行政区为直隶，但无论官方民间，习惯还是用北京。清朝废南京，改南直隶为江南省，以后分为江苏、安徽两省。民国初，北京继续作为首都而存在。1927年，南京成为首都，北京改名北平市。1949年，中华人民共和国首都定在北京，北平改称北京。

从曾经的一个小诸侯国、居民点，发展成为区域性中心和重要军事基地，又成为另一个非汉族政权的都城，到现在成为国家首都。北京地名的演变反映出这座城市的发展过程，实际上一部北京的开发史、政绩沿革史和社会变迁史。

全国各地曾出现的"北京"

"北京"作为地名，曾经在全国很多地方出现过，北至今天的内蒙古，南至江苏都用过。为什么北京这个地名曾经用于全国各地？既然称之为北京，相应地肯定有南京等地。这说明在历史上，特别在分裂时期，政治中心往往并不固定在一个地方，反映地名地理的坐标也在变化。坐标体系中，比如中心城市发生变化，那么，相应对中心位置，以及相应中心的地名也会发生变化。

历史上，有据可查的最早使用"北京"两个字的是西晋时的江南人。当时，他们称洛阳为北京，这种叫法不是正式名称，正式名称叫作洛阳。在江南地区、特别在原吴国，洛阳被称作北京，既含有因为京城在北方，还包含着是北方政权的"京"的意思。

真正把"北京"当作政治中心的做法，源于十六国的赫连勃勃称统万城（今陕西靖边白城子）为北京。他在实力扩张到关中，占领长安后，在长安设南台，即在南方的政府机构，把统万城称之为北京，是正式的都城。

北魏从平城（今山西大同）迁都洛阳以后，因为平城是故都，一度称之为北京。这是相对洛阳所处的南面而言，对原来首都的尊重，以满足一些贵族老臣对旧都的眷恋，所以称之为北京。

到了唐朝和五代的后唐、后晋、后汉三代，都称晋阳（今山西太原）为北京。唐朝还存在南京、东京、西京的建置，因为唐高祖李渊从晋阳起家，所以称之为北京。五代的唐、晋、汉的统治者也是从晋阳起家的，所以晋阳继续拥有北京的称号。

金朝入主中原，把原来辽朝的临潢府改名为北京，就是今天内蒙古的巴林左旗。后来以中京大定府为北京，在今内蒙古宁城县西北。因为当时金朝政治中心内迁，相对而言，这些地方成了北面，才有了北京的称号。

明朝曾一度将开封府命名为北京。朱元璋建都南京以后，深知南京位置偏南，希望在北方找到一个能够长期建都的地方。他一开始中意开封府，将其升格为北京。后来，却发现从南方通往开封的水路淤积，水量不足，无法保证粮食的运输，最后不得不放弃。

永乐年间，北平府改顺天府，这时北京的概念才和今天的北京城联系起来。中国历史上出现过很多北京，都是因为出现过或同时存在南京的缘故。明朝迁都后的正式名称叫京师，但因为两京并建，只能用南北加以区分。要是没有这个情况，那么宣德正式迁都后不会再有南京，也就不会有北京，更不可能到清朝还继续称北京。1927年北京改成北平后，当时的居民往往继续称北京，而不用北平。这足以证明历史地名具有非常强的生命力，也有非常强的滞后性，一些地名正式名称反而不如俗称，部分习惯称法能够得到延续。

从一个地名——北京的变迁，理解北京这两个字代表不同的地名，不同地理坐标，说明地名除了本身所应有的代表的空

间范围概念以外，在不同的时间范畴里，有着复杂、深刻的含
义，值得我们重视和研究。

更换地名、行政区划的乱象

现在社会上出现一种随意更改地名的现象，中断了历史的
延续。一些地名，特别是县名和县治所在，从秦汉时期沿用到
现在，2000多年来不仅名字没有改，地点也未曾发生变化。但
是，其中的一些地名被莫名其妙地改掉，从此就消失了，与历
史上的政治、经济、文化、民族、一些大事件联系在一起的地
名也消失了。近年，一些地方又盲目恢复古地名，却往往张冠
李戴，移花接木。从更改、消失再到恢复的过程，总是会产生
许多麻烦。比如，沔阳是从南朝就存在的地名，迁都后设置过
郡、县、州、府、镇，但到1986年，沔阳县被撤销，建仙桃市。
而仙桃此前只是县治所在镇的名称。荆州市一度改成荆沙市，
后来又恢复。襄阳与樊城改称襄樊市，现在又恢复成襄阳了。
一些地名本来是历史上非常重要，或者跟一些非常重要的历史
有关，直到现在还没有恢复。与此同时，任意复古名的情况也
有很多，也产生很多后遗症。

在行政区划调整中人为取消了不少旧地名，随意简化县级
地名，甚至民政系统中间无法再登记原来的籍贯。我本人从小
登记出生地为浙江吴兴县南浔镇。现在已经没有吴兴县，只有
吴兴区。但吴兴区不包括南浔镇，南浔镇隶属于湖州市南浔区。
不过，吴兴这个从三国时就出现的地名总算保存下来了，而更

多的古地名却消失了。

更改地名，对个人和社会而言都有割断历史的危险，后人也不知道你到底指的是哪里。现在争夺历史名人故里，很多现象很可笑。其实有些古地名在今天什么地方是很清楚的，但频繁的区划调整、地名改变给一些人可乘之机，人为制造很多矛盾。本来，大多数行政区划的调整只要改通名就可以了，用不到改专名，但是为了表示是新地名，或者为了提高影响，故意将专名更换。这不应该，也是很可惜的。随着一些专名的消失，跟它们有关的历史文化也将湮没。

目前的行政区划名称也是相当混乱。中国历史上曾经用过的行政区划通名很多，为什么现在不能做到将统一的名称代表一种区划？例如，市既可以代表省级的直辖市，也可以指"地级市"，还有县级市。我们为什么不能下决心统一规划行政区划通名？非但没有做这项工作，还不断出现新的混乱，如区，已经有了省级的自治区、地级的直辖市区和县级的市辖区，现在又出现了副省级的综合开发区、地级或县级的开发区、新区，还有矿区、城区、郊区。

用景点名称取代政区名称是造成地名概念混乱的又一做法。最典型就是把徽州改黄山。如今，外地人如果说去黄山，本地人就会询问你，是要到黄山山下去，还是去老屯溪。同样的，都江堰、井冈山等变成了政区名，很容易与真正的景点混淆。

用景区名取代原来政区名称的一个理由是改名后促进旅游

开发，增加地方收入，这种说法完全是欺人之谈。如张家界，要是没有被确定为世界文化遗产，没有大规模的开发和投入，仅凭改一个名，就能增加十几个亿的收入吗？商业因素的冠名做法，也是地名更换的一大原因。在市场经济情况下，我并不反对适当采用商业冠名的形式改变地名。而前提应该坚持原有地名必须保留。现在往往因为商业利益，永久性把地名改掉了，不应该也不合法。正确的做法是根据出资的多少，确定新地名的使用期限，而不是永久性的改变。

一些外国地名在中国的滥用也应引起我们的注意。有人曾要求禁止在中国使用外国地名，我并不赞成，适当使用外国地名是可以的。比如，已经成为当地历史的外国地名也应该保留，在一些开放城市适当增加一些以外国人名、地名命名的地名也并无不妥。但将一些地方命名为风马牛不相及的外国地名，不仅缺乏严肃性，还容易引发其他国家的不满。随意把别国地名拿过来命名景点、小镇，侵犯了他人的地名占用权。而滥用外国地名只能够反映出来命名者的价值观念混乱，或者高估这些外国地名的价值。例如，一些新建的楼盘、新开发的小区钟情于使用外国地名以显示档次，这种做法，地名管理部门应该严格控制。

我经常问学生，你是哪里人？他们往往只告诉我是某市人，只讲到"地级市"一级。我问是哪个县（区），他们才告诉我。为什么不说全？他回答怕你不知道。介绍籍贯的传统做法是到县一级，如果不这样做，长此以往，中国人的地理知识将会越来越贫乏，地理知识不仅需要在课堂上的学习，它的传播和巩固需要日常真正的使用。如果，我们接触地名越来越单一、笼统，势必造成大家地理知识越来越贫乏。

总而言之，我感到地名是我们历史和文化宝贵的遗产，因为任何地名的产生，一般都反映出当时这个地名出现、存在和延续的一些因素，而不仅仅是作为一个地理的坐标。规范地名的使用，地名的文化建设的立足点就是在传承文化和历史。而在这个过程中，使地名资源能够为我们今天和今后所用。

保护地名文化迫在眉睫

——访民政部副部长宫蒲光

方莉　殷燕召[1]

　　"'地名的故事'系列报道和活动契合中央领导同志关于保护和弘扬传统优秀文化、延续城市历史文脉的讲话精神，带动了公众关注地名文化、自觉保护地名文化的热情，唤起了全社会对地名文化的重视，为治理地名乱象，弘扬优秀地名文化起到了积极促进作用。"2015年4月，民政部副部长宫蒲光接受光明日报记者专访。他充分肯定了光明日报与民政部区划地名司合作开展的"地名的故事·那些历史那些乡愁"系列报道和"寻找最美地名"活动，并就地名文化保护、地名乱象治理和地名规范管理等问题回答记者提问。

地名文化是中华优秀传统文化不可或缺的部分

　　记者：我们每个人每天都要用到地名，我们的生活离不开地名，但有不少人认为地名只是一个地点的标识，对地名

1　方莉、殷燕召为光明日报记者。

文化缺少认识。请问什么是地名文化，我国地名文化资源现状如何？

宫蒲光：地名文化是以地名语词形式承载指代地方的地域文化，内涵非常丰富。它涉及语言文化、历史文化、地理文化和乡土文化等，是一个综合性的多元文化体系。地名文化是伴随着中华文明的进程而发展起来的，是优秀传统文化的组成部分。

我国幅员辽阔，历史悠久，地名数量众多，地名文化资源丰富。由于历史渊源、自然条件、经济基础、社会结构、民族和语言等诸多因素影响，不同地域、不同历史时期的地名文化资源都蕴含着大量的文化基因、地理信息。地名在一定程度上也是一个地方承载历史印记的社会化石，我国甲骨文记载的一些地名仍在沿用，《山海经》《水经注》《嘉庆重修一统志》等传世文献记载的地名，至今仍在使用的成千上万。我国现有七大古都、109座历史文化名城、800多个千年古县、1000多个千年古镇、10万多个千年古村落，具有几百年历史的地名数不胜数。

璀璨的地名文化是中华优秀传统文化不可或缺的一部分，是中华五千年文明史一个很好的展示窗口，是重要的民族文化遗产，在"五位一体"总体布局的文化建设中具有重要地位和作用，值得高度珍视。

记者：随着经济社会的快速发展和城镇化的加快推进，许多古老地名消失在人们的视野里。在现代化的发展潮流中，老地名的消失和遗弃是不可避免的大趋势吗？应当如何传承和保护地名文化？

宫蒲光：我们应该清醒地认识到，现代化是浩浩荡荡的历史潮流。潮流之中，一些历史印记被席卷而去在所难免。但是我们不能无所作为、听之任之，不能让这种潮流把大量有价值的、承载着优秀文化基因的历史地名卷走，我们一定要有强烈的地名文化保护意识，只有这样，才能在现代化过程中保护更多的历史文化。

我们要按照中央城镇化工作会议提出的"望得见山、看得见水、记得住乡愁"的要求，按照中央领导同志关于规范地名管理、解决"热衷于起洋地名、乱改老地名"问题的重要指示，刻不容缓地传承、保护和弘扬优秀传统地名文化，在此基础上充分发挥地名文化弘扬中华民族文化、建设社会主义先进文化的积极作用，逐步增强地名文化对社会主义核心价值观的承载能力。尤其要注重在城镇化过程中把有文化积淀的老地名保护好、传承好、使用好，进一步加大地名文化遗产保护力度，建立地名文化遗产重点保护名录制度，建立地名文化遗产数据库，健全地名文化评价标准体系，使地名文化遗产得到分类、分级和分层保护。

解决地名重名问题是地名标准化的内在要求

记者：我们了解到，不少城市都存在多地重名现象。比如海口就有两条"中山路"、两条"板桥路"、两个"海口东站"，这是由于琼山撤市并入海口市出现的。当地居民对这些老地名很有感情，不愿意更改自己所在路段的地名。面对这种重名现象和当地居民意愿的矛盾，应该如何正确处理整治重名和保持地名稳定的关系？

宫蒲光：地名重名现象在我国自古有之，大者如县的重名，小者如街道的重名。据有关学者研究，我国历史上针对重名现象，进行过六次大规模的更名。通过一系列的更名工作，在中国历史上实现了县级政区基本上不重名。规避地名重名是社会不断发展进步的需要。随着社会的发展，人们出行范围不断扩大、交往日益增多，对地名信息的唯一性和准确性也提出了更高的要求。

随着近30年来的城镇化快速发展，我国城镇规模不断扩大，地名数量急剧增加，地名重名现象也随之增多。刚才你说了海口的例子，实际上，几乎每个城市都存在重名问题。地名重名，必然导致社会基础信息不准确，也会造成地名服务出现偏差。在城镇化过程中解决地名重名问题，是方便人民群众生产生活的基本内容，也是地名标准化的内在要求。对于现实存在的重名问题，要在坚持《地名管理条例》中"地名要保持相对稳定"原则的基础上统筹考虑，在进行科学的文化价值评估后妥善处理。解决这类重名问题的本质是正确处理文化传承和地名标准化的关系。在具体方法上，可以考虑增加区域限定词等技术手段解决重名问题。比如，北京有很多叫"黄庄"的地名。修建地铁时，有关部门将10号线上的黄庄一站命名为"海淀黄庄站"，通过增加区域限定词，既传承了历史文脉，又明确了地名指位性。

记者：现在很多地方都热衷于改名，喜好将本地的名胜古迹或历史传说作为行政区域名称，比如湖南大庸更名为张家界、安徽徽州改为黄山、云南中甸改为香格里拉等。行政区域更名有何利弊？如何理性看待这种现象？

宫蒲光：我理解您所说的改名是指改革开放以来一些地方出现的更名现象，对于一些地方热衷于改名这一现象，我们应该理性对待。地名命名更名既是一种社会现象又是一种文化现象，规范地名命名、更名是实现地名标准化的关键手段。新中国成立后，我国不断加强和规范地名命名、更名管理工作，更改了历史上遗留下来的不符合国家方针政策的地名和歧视少数民族以及带有大汉族主义倾向等方面的地名，取得了显著成绩。改革开放后，我们慎重稳妥地开展地名命名、更名工作，部分地方更名严格遵守更名的程序、权限和论证制度，经过多方论证、审慎研究，保持了传统文化，提高了当地知名度，扩大了影响力，推动了经济发展和文化传承。比如四川灌县改为都江堰、湖北蒲圻改为赤壁。但是盲目更名，我们是不赞成的。地名蕴含了丰富的历史文化信息，一旦更改，历史典故、传统文脉就有可能被割断。另一方面，城市更名成本巨大、劳民伤财，这方面也有深刻教训。

记者：如何科学规范地进行地名命名和更名呢？

宫蒲光：总体来讲，还是要坚持依法管理，其核心内容：

第一，要严格申报审批制度。第二，要加强地名规划工作。第三，要规范标准地名信息发布。第四，要加强标准地名使用监管。

地名乱象治理要发挥地名文化的引领作用

记者：现代社会发展日新月异，新的道路、社区、楼盘等每天都在涌现。我们看到，不少新地名在命名时出现了崇洋媚外、盲目复古、求异求怪等现象。您如何看待这些现象的出现？

宫蒲光：在经济社会发展中，各地不同程度地出现了以"大、洋、古、怪、重"为突出特征的地名乱象，即刻意夸大、崇洋媚外、盲目复古、求异求怪、重复使用。我们调研发现，地名乱象主要集中在城市，尤以新的建筑物和商业楼盘名称居多。开发商只注重了楼盘的商业属性而忽视了楼盘名称的文化属性，起名目的就是为了抢眼球，怎么怪怎么来，怎么洋怎么来。例如，"醉牛学区房""亚东观樾""江南总督府""圣·巴塞耶怡美花园""罗托鲁拉小镇""曼哈顿广场"……这样往往就会导致建筑物名称五花八门、乱象丛生，有些已成为城市的文化垃圾。这些乱象对优秀地名文化的传承乃至弘扬社会主义核心价值观都产生了负面影响，亟须开展地名乱象清理整治工作。

记者：目前，地名乱象治理的难点何在？

宫蒲光：地名乱象的存在很大程度上是由于没有理顺地名

管理体制所致。地名管理体制是统一管理地名的关键。民政部是国务院明确的地名工作的主管部门,但在实际工作中,除了民政部门,规划、公安、交通、住建、国土、水利等10余个部门都在地名的命名、更名中具有重要作用。比如,新的建筑物名称命名,机场、车站的命名,从建设立项时就已命名了。还有的项目在规划时期,规划编制部门就起了名,以后就这么叫下去了,还有的建筑物名称也是单位(机关、学校、公司等)名称。这些过程中有人起名,但没有上报、没人审核批准或备案,起了什么名就是什么名。这样就造成多头管理、政出多门,给地名规范化、制度化管理带来了困难。到目前为止,地名管理领域还没有形成一套严格的地名命名、更名的审批制度。地名管理部门缺乏监管手段,对各类地名命名源头无法干预,往往只能被动认可既成事实,这也是形成目前地名混乱局面的一个重要原因。

记者:第二次全国地名普查工作正在进行,地名普查对弘扬地名文化、治理地名乱象、规范地名管理有何作用?

宫蒲光:2014年7月,我国开始了第二次全国地名普查工作,这次地名普查为期4年。开展地名普查,有利于把握地名文化总体状况,更好地保护地名文化遗产,传承和弘扬优秀地名文化。地名普查工作也为治理地名乱象问题提供了良好机遇。需要强调的是,清理整治地名乱象要注重发挥地名文化的重要引领作用,以此达到标本兼治的目标。

记者:现行的《地名管理条例》是1986年1月23日颁布施

行的，根据地名管理工作的需要，该条例是否需要修订？

宫蒲光：《地名管理条例》（以下简称《条例》）已实施了近30年，其规定的许多内容已经不适应新形势下的地名管理工作需要。每年全国两会上都有人大代表和政协委员呼吁尽快修订《条例》，特别是随着第二次全国地名普查的推进，《条例》的修订更显迫切。

根据依法治国、依法行政的总体要求，结合地名管理工作的现实需要，我们正积极协调有关部门，推动《条例》的修订，为地名管理工作提供法律依据、制度保障，促进地名工作在法治轨道上健康发展。

重视地名文化
就是重视我们的历史

——访中南大学教授胡彬彬

龙军[1]

"每一个地名都折射出中国历史文化的变化",说起地名文化,中南大学教授、中国村落文化研究中心主任胡彬彬强调,"重视地名文化,就是重视我们的历史"。

"地名的故事·那些历史那些乡愁"系列报道近日在本报陆续刊发,地名文化引发专家学者的关注。地名文化应如何传承和保护?改名现象该怎样理性看待?带着这些问题,记者专访了胡彬彬教授。

记者:您如何看待"地名文化"?

胡彬彬:"地名文化"作为一个概念,实际上包括了地名语词文化和地名实体文化两个层面。地名语词揭示了地名的语源文化内涵,地名实体文化体现了其所指代实体的地理、历史和乡土等。地名语词文化和地名实体文化互相依存,密不可分,二者共同构成了地名文化的全貌。地名文化记录着人类社会发展的历程、民族的变迁与融合、人们生活环境的发展变化,是

1　龙军为光明日报记者。

地名文化，蕴涵着中华文化的血脉根系

重要的民族文化遗产。

记者：我国的地名文化具有哪些基本特征？

胡彬彬：我国地域辽阔，历史悠久，民族众多，每一个地名都折射出中国历史文化的变化。因此，我国的地名文化具有延续性、地域性和多元性三个显著特征。

历史地名作为一种文化遗存，与当地的民俗、传说、宗教信仰、历史人物等密切相关。以传统村落为例，其命名方式虽有不同，但都包含了深厚的文化。不少村落以最早迁居于此的始祖来命名，如岳阳的张谷英村、新乡的郭亮村。有的则与当地的人文环境有关，如长治的八义村，汉代因"八义士谏赵"得名"八谏村"，宋太祖赵匡胤经此地赐改为八义村。浙江、广东、安徽等地的八卦村，则与村落呈八卦形的布局有关。其他的诸如乡镇、县市甚至包括省区的命名，也无不体现出深厚的文化感。

有一些地名则体现了其复杂的历史。例如，一些少数民族被中央政府通过各种手段使其顺服，就在当地行政设立管理机构，重新命名。湖南省绥宁县始建于北宋元丰四年（1081），当时称莳竹县。那时，当地的苗瑶等少数民族不服归顺，朝廷数次派兵镇压。之后，崇宁二年（1103）更名绥宁县，寓"绥之以宁"之意，沿用至今。其他如安化、安顺、抚顺、绥化、怀柔、怀化等县市（区）一级的命名，都包含着这样一种历史。

我国传统社会是一个宗族社会，人们的宗族观念很强。于是，村落的名称就以聚居地主要姓氏来命名，如李庄、何家岭、张家铺等，以这些方式命名的村落遍布中华大地，其中有很多都流传到了今天。一些村落地名甚至扩大到了市一级，如石家庄、张家港等。但这种地名最开始是约定俗成的，稳定下来之后，才被官方直接采用。中国传统村落的地名一般都是这样形成的。它们是

地名的故事

当地地理景观的记录、民俗心态的反映和地域文化的体现。了解这些地名，对于延续一村、一镇、一县，甚至国家的历史文脉，都具有重要的意义。

记者：一些地方为了提高知名度，直接以本地的山川改名为县市名称，如大庸改为张家界、徽州改为黄山等。您如何看待这种改名现象？

胡彬彬：重视地名文化，就是重视我们的历史。我们认为，地名也是在历史的长河中不断演变的，但同一个地名，今天对应的地方与历史上对应的地方，可能都不一样，如果不明白这点，就容易导致一些问题。比如，史书上说曾国藩是湘乡人。湘乡这个地名自西汉时就有了，但一直在变化。仅1949年以来，就分别属益阳、邵阳、湘潭等市，但今天的曾国藩故居所在地都不在以上几个市，而在娄底双峰。有些不懂这些变化的，就会产生疑问，曾国藩是湘乡人，湘乡现在归湘潭管，为什么他的故居现在娄底了？

有些地名的更改，可能对于当地的发展是有利的，比如大庸改成张家界，张家界的知名度确实要高出大庸，这种改名无可厚非。但是也有些地方，由于缺乏对地名文化的认知，意识淡薄，在行政区划变更、城镇化建设以及文字改革等活动中，随意更改甚至废除历史悠久地名的现象确实时有发生，最后又被迫改回原来的地名。比如，1950年，襄阳改成襄樊，2010年又不得不改回襄阳。襄阳是一个深具历史感的地方，刘备在这里三顾茅庐请诸葛亮出山，奠定三分天下的局面。李白、杜甫、王维、孟浩然这些唐代一流的大诗人都在这里写过诗。前一段时间网上流传一篇帖子，说兰陵改成枣庄、汝南改成驻马店等这类改名是"古人有文化，今人毁文化"，虽然有点偏激，但代表了一部分人对于地名随意更改是反感的。

记者：您觉得当前我们应该怎样传承和保护地名文化？

胡彬彬：传承和保护地名文化，应由政府相关部门主导，带动社会广泛参与。具体来看，可以从以下几个方面着手：

第一，地方各级建立专门的地名文化遗产保护机构，提高地名文化的保护效率。地名文化遗产保护机构要对地名资源进行普查，通过社会调查、查阅史料、民间访谈等多种方式，进行广泛搜集、深入调查。地名辞典的编撰，要重视沿海各地、边疆（特别是新疆、西藏等地区）省区、领海（不囿于南海）礁屿地名。这个事关国家领土完整，要特别引起重视。

第二，地名更改，要建立一个标准。在申报政府相关部门核准之前，要邀请专家论证，确保新地名的更改要有一定的文化含量，不能简单地使用一些数字及字母。另外，在使用一些名人的姓名给地方命名的时候，尤其要慎重，不能滥用，试想，如果眉山改名东坡市，耒阳改名蔡伦县，那会让人非常反感。

第三，整理好地名文化的内涵。比如，一个地名它有什么样的历史沿革，它包含怎样的文化内容，要加强整理。目前，网络及出版物都有一些类似的介绍，但不够系统。一些国家重大工程中，要征用很大面积的土地，工程完工后，都会换上新的名称，那么原来的那些地名，要有完整的档案资料。

第四，建立中国地名文化数据库，提高地名文化保护的水平。在数字化的今天，建立地名文化数据库非常有必要。将中国古今地名及当地文化概况特点进行数字化，这会对中国地名文化的研究发挥重要的作用。同时，应编撰好《古今地名对照大全》。

地名文化是全人类的共同财富

——访中国地名文化遗产保护
促进会会长刘保全

刘江伟　姜玲[1]

　　"地名不仅是中华民族五千年文明史的记录和见证，也是世界文明史的记录和见证，它是世界文化遗产的一部分，是全人类的共同财富。"中国地名文化遗产保护促进会会长刘保全说。

　　经由本报报道和挖掘，地名文化引起专家学者的持续关注和热议。日前，刘保全接受光明日报记者专访，就地名被联合国认定为非物质文化遗产的过程、国内外在保护地名文化遗产方面的探索等问题进行了深入阐述。

　　记者：地名很早就引起联合国的关注，请您谈谈国际社会对地名文化保护问题的认识和实践过程。

　　刘保全：在国际上，地名标准化问题提出得比较早，有些国家地名标准化工作开展已有上百年历史，但主要侧重于地名

1　刘江伟为光明日报记者，姜玲为光明日报通讯员。

的发音和书写问题。1960年，联合国为解决国际地名标准化问题，专门成立了联合国地名专家组，并决定每五年召开一次联合国地名标准化会议，每两年召开一次联合国地名专家组会议。

随着研究地名标准化和地名标准化工作实践的深入，人们发现地名不仅标识着不同种类的地理实体，而且还承载着普通人的幸福感和归属感，具有不可替代的文化价值。1987年召开的联合国第五届地名标准化会议和1992年的第六届地名标准化会议，分别做出"地名是民族文化遗产"和"地名有重要的文化和历史意义，随意改变地名将造成继承文化和历史传统方面的损失"的重要决议。

此后，人们意识到社会必须承担起责任，尊重地名遗产，在日新月异的社会中对地名进行规划时，要保证地名的主体功能和文化价值得到保护。在中国等国家的推动下，2007年第九届联合国地名标准化会议作出决议，"遵照2003年10月17日联合国教科文组织通过的《保护非物质文化遗产公约》，认为地名属于非物质文化遗产。"

在联合国的不断倡议和指导下，国际社会保护地名文化遗产的热潮逐渐兴起，并逐渐摸索积累了一些经验。在2012年联合国召开的第十届地名标准化会议上，根据一些国家的实践，讨论形成了地名文化遗产保护鉴定的国际原则标准。这次大会还决议成立专门的地名文化遗产工作组，负责制定保护地名文化遗产的技术规范，与相关国际组织进行协调，以便更有力地推进地名文化遗产保护工作。

记者：地名列入非物质文化遗产，对我国地名文化保护和传承有什么意义？

刘保全：地名文化保护工作在《保护非物质文化遗产公约》的框架内进行，这对于在世界范围内促进和有效开展地名文化遗产保护，特别是对于中国地名申报世界非物质文化遗产、中华文化走向世界有着十分重要的现实意义。我国历史悠久、幅员辽阔，地名浩如烟海，为世界地名大国，古老地名历时之久、存量之大和文化内涵之丰富为世界之最。根据我们调研和评估，我国现存的政区、聚落、山川、道路等各类古老地名多达10万余条。还有一些活着的甲骨文、金文地名，这些古老地名不仅是中华民族五千年文明史的记录和见证，也是世界文明史的记录和见证，它是世界文化遗产的一部分，是全人类的共同财富。

参与联合国关于地名文化遗产的研究与保护工作，不仅保护了我们的传统文化，继承和发扬了中华文化的优良传统，而且将中华优秀地名文化推向世界，为人类文明做贡献的同时，也为中华优秀传统文化走向世界扩展了更大的空间，对建设文化强国、增强我国文化软实力有着重要意义。

记者：我国在保护地名文化遗产上进行过哪些探索？对世界地名文化遗产保护做出了怎样的贡献？

刘保全：为了提高地名文化保护意识，保护我国地名文化资源，遏制近年来出现的崇洋媚外、乱起名、乱改名和破坏地名文化资源等乱象，积极投入到国际地名文化保护活动中去，2004年我国启动了"中国地名文化遗产保护工程"研究课题。课题组对中华地名文化进行多视角、多层面的系统研究，考证地名文化形成和发展的背景，厘清地名历史文脉，探寻古老地名和传统地名生命力犹存的真谛，研究提升地名管理水平、文化品位和建设地名文化的新理念，引导我国地名工作健康发展。

在联合国地名专家组的指导下，民政部组织中国地名研究所会同有关专家共同努力，取得了丰硕的科研成果，使我国地名文化保护理论研究和保护工作实践走在了世界前列。我们创新了地名文化理论，揭示了地名文化包括地名语词文化和地名实体文化两个层面。并创造了多个"第一"：在世界上第一个对全国地名文化遗产保护做了总体规划、第一个制定了《地名文化遗产鉴定》标准、第一个形成了比较完备的保护工作方案和第一个成立了保护地名文化遗产社会组织。我国地名文化保护实践，为国际社会保护地名文化遗产提供了难得的借鉴经验，为世界地名文化遗产保护做出了贡献。

记者：其他国家在保护地名文化遗产上有哪些好的做法？对我国有何启示和借鉴？

刘保全：在联合国推动下，许多国家把保护地名文化遗产纳入了国家地名工作的重要内容。荷兰建立了历史地名数据库，以保护和研究地名文化。北欧不少国家都将地名文化遗产保护列为本国文化遗产的重要组成部分，大力开展地名文化宣传、保护活动，如瑞典开展了"优秀地名保护行动"，对优秀传统地名进行登记公布、芬兰选择"地名：地方的记忆"作为其欧洲遗产日主题、白俄罗斯绘制了地名文化遗产保护地图，提醒人们要重点保护图上的地名等。此外，很多国家还以立法的方式加强对地名文化遗产的保护，如瑞典在修订《遗产保护法》时增加保护地名的内容，国家遗产保护委员会还专门制作了《地名与遗产保护法：良好地名做法的解释与应用》，向地方和地区部门宣传。

这些国家的做法和经验取得了很好的效果，对于我国保护地名文化遗产也有着重要的启示。比如结合文化遗产日做更广泛更深入的地名文化宣传，扎实考察研究，为具体实施地名文化遗产保护提供基础成果，加强地名文化法规建设等。另外，一些国家正在探索地名申报世界非物质文化遗产，对此我们也应着手准备。我国地名文化遗产应该说是最有资格和条件在申报非遗上走在世界前列的，因此要早准备、早申报，分批分类进行，成熟一批，申报一批。如我们的甲骨文地名是世界地名文化遗产中的瑰宝，应首先组织有关专家攻关考证，拿出有分量的成果，使之尽早列入世界非物质文化遗产名录，这不仅对我国，而且对世界来说也意义重大。

善待地名是一种情感需要

罗容海[1]

　　历史学家往往对年号有一种职业的敏锐，文学家们则常常喜欢在某些地名上做文章。例如鲁迅的鲁镇，沈从文的湘西，莫言的东北乡，抑或是马尔克斯的马孔多，福克纳的约克纳帕塔法镇。直接用地名做书名的也为数不少，以现当代文学为例，《荷花淀》《白鹿原》《芙蓉镇》等，比比皆是。其原因大约如古语所言，"地势坤，君子以厚德载物"，任何一片土地，只要承载的人和物越多，故事也就越丰富，文化也就越深厚。

　　2015年3月以来，光明日报社与民政部区划地名司合作开展的"地名的故事·那些历史那些乡愁"系列报道和"寻找最美地名"活动，带动了公众关注地名文化、自觉保护地名文化的热情，引发了广大读者的热烈反响。

　　中国是五千年文明古国，语言文字长时段的统一和稳定，造就了众多历史悠久的地名。一方水土养一方人。很多时候，这些地名已经融入了当地人的血脉和禀赋之中。说起燕赵大

1　罗容海为光明日报评论员。

地，很多人会把那里的人同慷慨悲歌之士联系起来。讲到齐鲁之邦，大家第一印象是孔孟故里，文质彬彬。而秦中人士，苏东坡早已用趣言概括了："关西大汉，执铁板，唱大江东去。"

然而地名变更，却也往往在所难免。北京，秦称广阳郡，东汉之后称幽州，金称中都，元称大都，民国一度称北平，还有京师、顺天府、京兆等别名。每一个地名都留下了许许多多故事。所以地名的变或不变，并没有绝对的定律。

但并非每个地方都能像北京这么幸运，无论经历了多少次改名，附着于其地名之上的历史文化乃至人文精神都还能被妥善保存。有很多地方，地名一改，整个族群的精气神乃至民魂都有可能发生改变，而附着在这个地名之上的那段历史，则可能永远地被遗忘。作家阿来最新的历史纪实文学作品《瞻对》，述说的就是康巴地区一个小地方近200年的故事。瞻对，在藏语中意为"铁疙瘩"，一个民风强悍、号称铁疙瘩的部落名，成了在康巴地区响当当的地名。清末，瞻对被改为怀柔县，后又更名为瞻化县，意为"铁疙瘩的融化"，新中国成立后再根据地势更名为新龙县。经历了一百年的更名，瞻对"铁疙瘩"般的强悍民风和战斗精神，只能在人迹罕至的残垣断壁中怀想了。

地名附着着大量的历史文化，是非物质文化遗产的重要组成部分，承载了大量的个体记忆和感情。古代常把籍贯或重要生活地和姓名相提并论，说赵云必曰常山赵子龙，柳宗元又称"柳河东""柳柳州"。但是地名又真真切切地要为群众生产生活方便、志趣高雅服务。所以，地名可改，但是要谨慎为之，妥善对待，做好相应的非遗保护等工作。长官意志、随意更改固然不可取，当前更要防止单纯为了现代信息化统计、记录简便，而让地名蒙受不必要的大改。因为，地名之于每个生活其间的人的感情之重要，有时连我们自己都很难预料。

轻率更改地名
是对历史文化的割断

周俊生[1]

　　上海浦东一条并不很宽广的河道洋泾港，最近悄悄被改名为"三八河"，让祖祖辈辈居住在河边的居民难以接受。居民们强烈要求恢复原名，他们认为，洋泾港是洋泾人的母亲河，改名把洋泾的文化之脉割断了。

　　洋泾港这个名字，具有700余年的历史文化承载。早在元代，就已有"洋泾"这个行政区域地名记载于史籍，之后行政区域划分和归属几经更迭，但"洋泾"之名始终没变。外地居民则更多是从有关"洋泾浜"的传说中得知这一地名的。上海开埠之初，大量外国人涌进上海，洋泾港是其必经之路，上海当地居民为了方便与他们的交流，积极学习他们的语言，虽然能够达成沟通，但发音往往不够准确，以至在语言学史上留下了"洋泾浜英语"这独特的一页，至今这种英语在上海方言中仍有残迹。但是更名以后，这一丰富的历史文化内涵就被粗暴地割断了。

1　周俊生为东方早报原特约评论员。

地名文化，蕴涵着中华文化的血脉根系

115

"洋泾港"更名为"三八河",从程序上看手续合法,经过了上海市水务局的审核,并经浦东新区政府批复,而从其更名为"三八河"来看,仍然显得草率。"三八河"是一条离"洋泾港"远隔几公里的人工开挖的小河,其知名度远不及"洋泾港",从字面意义上看也无多少美感。很显然,政府部门在这一地名的更改过程中,只是考虑了自己管理上的方便,而轻慢了地名所承载的丰富的历史文化信息。一拍脑袋,就要将"洋泾港"这个已经流传700多年的地名一笔抹去。

　　当然,地名并不是一成不变的。即以上海而论,虽然是一座现代化城市,但在旧中国的租界时期,有的路名以外国人名命名,记载的是中国那一段丧失主权的历史,在租界收回以后,这种路名理应废除;也有一些路名,让人产生紧张不安,如浦东通衢大道的东方路在新中国成立前因墓葬密集而被称为"坟墩路",新中国成立后以其谐音改为"文登路",浦东开发后改为现名,就是路名更改的一个成功范例。但是"洋泾港"并没有这样的色彩,它不仅已经有700多年历史,而且派生了一系列路名和机构名称,改名反而使这些衍生名称失去了理据。即使如"洋泾浜英语"这样的说法,也记载了上海人乐于与外来文化沟通、积极接纳新事物的精神风貌。如果说政府部门为了管理方便而需要将两条河道的名称统一,合适的做法也应该是将"三八河"纳入"洋泾港",而不是相反。

　　改革开放之后,很多地方出现了地名更改的风潮,不仅是一条路名，甚至一个具有丰富历史文化内涵的城市名称都可以轻易改掉，甚至几易其名，给社会运行带来了很大的不便。相关政府部门必须认识到，地名当中大都包含着丰富的历史文化信息，轻率更改容易割断这种随着时间沉淀形成的文脉。即使是对一些确实需要更改的地名，也应该向社会广泛征求不同意见，慎重做出决策。

保护地名遗产，就是延续历史文脉

二零一五年五月二十八日，全国地名文化、地名规划和法治等领域多名专家，以及各地地名管理部门负责人齐聚光明日报社，参与由光明日报和民政部区划地名司联合主办的全国地名文化建设研讨会，共同研讨如何做好地名文化建设这篇大文章。专家学者和地名管理者在研讨会上指出，地名文化建设要扬正气接地气聚人气。[1]

---

1 此部分图片均为光明日报记者闫汇芳拍摄。

以地名文化传播
和滋养核心价值观

何东平[1]

光明日报今年3月下旬正式推出"地名的故事·那些历史那些乡愁"系列报道和"寻找最美地名"活动，体现出了三个新特点：

第一，地名故事系列报道和活动是光明日报核心价值观报道的新努力。这几年，光明日报始终将社会主义核心价值观宣传放在核心位置，坚持用文化传播和滋养社会主义核心

---

1 何东平为光明日报总编辑。

价值观，特别注重通过讲好故事来传播和弘扬社会主义核心价值观。地名，是历史命运的容器，蕴藏着说不完的故事和道不尽的乡愁，包含着人们对地理实体的精神寄托和价值追求，自然成为我们用文化传播和滋养社会主义核心价值观的新载体。从校训的故事、新乡贤的故事，再到地名的故事，以及本周刚推出的新邻里的故事，光明日报在讲好社会主义核心价值观故事方面，日有所进，久久为功，目的是要持续深入地发掘和弘扬优秀传统文化中蕴含的当代精神价值，使之不断感动人心、深入人心。

第二，地名故事系列报道和活动是光明日报文化报道的新探索。光明日报的特色在文化，优势在文化。去年以来，我们加大对优秀传统文化的宣传，围绕弘扬中华优秀传统文化设置议题，策划推出"家风家教大家谈""校训的故事""新乡贤·新乡村""中华文化溯源""中国文化江河""礼敬中华优秀传统文化"等栏目，刊发了一大批文化色彩浓郁的报道和文章。

地名故事系列报道和活动是光明日报文化报道的新探索，是对包括地名文化在内的中华优秀传统文化的一种弘扬。我们正是通过挖掘地名背后的文化内涵、讲述百姓对故土的乡情乡愁乡恋，在全社会形成保护地名文化遗产、弘扬优秀地名文化的良好舆论氛围。

第三，地名故事系列报道和活动也是光明日报媒体融合报道的新尝试。地名故事系列报道和活动是全方位、立体式、多平台的报道和推送，传统媒体和新兴媒体互动交融，有力增强了这一报道和活动的传播力和影响力。除光明日报刊发地名故事系列报道外，光明网、光明日报微博微信也同步编发、推送了相关报道内容。"寻找最美地名"活动正在光明网和光明日报微博微信征集开展，自4月1日起发布征稿启事以来，参与投稿、阅读和互动的网友已超过266万人次。我们还制作推出了炫融特刊《小明带你找回地名里的文化记忆》，受到了广泛转发和点赞。

今后，光明日报将以更饱满的热情、更强的责任意识，持续深入报道好地名文化建设的新发展新成果，为推动地名文化繁荣发展，为传播和滋养社会主义核心价值观做出新的贡献。

地名文化建设的
"三项原则"和"三个关键"

宫蒲光[1]

　　地名文化建设是一项基础性、长远性的文化工作，要始终坚持"三项原则"：一要坚持保护传承与创新发展并重。既要在推进地名标准化的过程中做好地名文化遗产保护工作，坚持"地名要保持相对稳定"的原则，慎重更名；又要通过有效措施，深入挖掘符合时代发展要求的文化内容，提高新生地名的文化含量和文化品位，保证中国特色地名文化健康发展。二要坚持社会效益与经济效益双赢。发展地名文化要把社会效益

1　宫蒲光为民政部副部长。

放在首位，特别是对有偿命名问题，要慎重对待，坚守健康文化和社会效益底线，确保地名文化的传承和发展。同时又要适应社会主义市场经济要求，大力发展地名文化产业，努力做到社会效益和经济效益双丰收。三要坚持理论研究与工作实践兼顾。各地要抓住第二次全国地名普查之机，认真开展地名文化资源调查、挖掘、整理和研究工作，运用多种方式，宣传弘扬好地名文化，真正使地名文化建设接地气、聚人气、见实效；要及时总结地名文化建设实践经验，深入探索地名文化建设规律，充分发挥专家、学者的作用，专题研究地名文化出现的新情况新问题，为地名文化发展提供理论支撑。

地名文化建设要重点抓好"三个关键"：一要抓好地名文化服务工作。例如，近期我们要积极研究"丝绸之路"沿途地名文化，开展丝绸之路地名考证、认定和发布工作；要围绕抗日战争胜利纪念日开展红色地名研究、认定等工作。逐步形成百花齐放的良好局面，共同挖掘、传承地名文化，为国家重大战略实施和经济社会发展服好务。二要抓好地名文化遗产保护工作。要按照中央提出的"望得见山、看得见水、记得住乡愁"的要求，按照习近平总书记关于解决"热衷于起洋地名、乱改历史地名"问题的重要指示，进一步做好"乡愁"这篇地名文化建设文章，深入开展"大洋古怪重"等地名乱象整治，构筑地名文化遗产重点保护名录制度，建立地名文化遗产数据库，健全地名文化评价标准体系，深入推进"千年古县"等地名文化遗产认定工作，使地名文化遗产得到分类、分级和分层保护。三要抓好地名文化发展平台建设。要进一步密切与光明日报等中央主流媒体合作，着力搭建地名文化发展平台。要积极发挥高等院校、科研机构、社会组织等在推动地名文化建设方面的作用，形成社会各界关心、支持地名文化建设的良好氛围。

地名文化遗产
保护意义超越国界

刘保全[1]

　　为解决国际地名混乱，1960年联合国成立了地名专家组。在对地名标准化进行研究和处理的实践中，专家发现地名具有独特的文化价值。许多地名因描述一定地域历史和文化而形成，向人们提示着当地自然环境变迁、人类历史演进等信息，是文明的见证。到了20世纪70年代，地名专家进一步认识到，地名具有对历史与文化的传承性。千百年来，地名世代相传，代表着人类文化遗产最古老、最活跃的部分。

1　刘保全为中国地名文化遗产保护促进会会长。

我国古老地名众多，为增强对地名文化保护意义的认识，2004年民政部启动了"中国地名文化遗产保护工程"和地名文化遗产千年古县保护试点，取得了一些成效：第一，完成了中国地名文化遗产存量评估。第二，以新的视角研究地名由来、语词构成、含义、演变、分布规律等，形成了完整的地名文化理论体系。第三，编制了《中国地名文化遗产保护总体规划》，对中国地名文化遗产进行分类、分层、分期保护。第四，制定了《地名文化遗产鉴定》标准，对千年古都城、千年古县、千年古镇、千年古村落、少数民族语地名、甲骨文与金文地名等八类地名文化遗产的鉴定做出了规定。

　　如何进一步保护好地名文化遗产？首先，要站在保护世界文化遗产的高度认识和推进中国地名文化遗产保护。其次，结合全国第二次地名普查深入做好地名文化普查挖掘等工作。再次，将地名文化遗产保护工作纳入国家文化建设重点工程。"中国地名文化遗产—千年古县"保护就是发挥政府和人民群众内在动力保护地名文化遗产的成功案例。

利用城乡规划保护地名文化遗产

岳升阳[1]

随着大规模城市建设的开展，城市的规划建设组团越来越大，一个区域中往往有数十条甚至上百条道路需要命名，这就要求在地名命名时进行整体设计，统筹兼顾。由此，在上世纪末出现了一个新事物：地名规划。制定地名规划不仅能避免命名上的混乱，方便市民使用，也承载了保护地名文化遗产的职责，通过整体规划，把地名文化遗产保护下来。例如，2009年北京市在《北京市地名规划编制导则》里就专门规定了地名文化遗产保护的内容，要求在地名规划中优先使用历史地名，尤其是在历史文化保护街区内的新建、改建道路应使用原有地名

1　岳升阳为北京大学城市与环境学院副教授。

命名。人们已经认识到，地名规划对于地名文化遗产保护有着十分重要的作用，着手从区域整体的角度考虑发挥地名文化遗产的作用。

地名规划能否保护地名文化遗产，考验着两方面的人，一是规划的设计者，他们需对地名文化遗产有深刻把握，能巧妙地运用于新地名的命名之中。二是审核规划的各级政府官员，他们要能鉴别和认同保护历史地名的规划设计。在此之外还应有第三方的监督，这就是市民。在北京市，地名规划是要向社会公示的，接受市民的认可。然而，目前市民的声音还很微弱，如何让更多的民众参与其中，将是今后地名命名中值得关注的问题。

地名命名基于城市规划，城市规划对地名文化遗产保护起着重要的作用。街巷道路格局是承载地名的物质基础，旧城区成片改造后消灭了历史建筑的遗存，只有街巷格局还能寄托历史地名，给当地留下最后的历史印记。如果将这些街巷格局也一同铲除，历史地名也就没有了承载之物，可谓"皮之不存，毛将焉附"。所以历史街区不但要避免大规模的剃头式改造，也要注意保留主要街巷胡同的道路格局，把街巷胡同的道路格局作为文化遗产加以保护。

由此可见，要想通过地名命名保护地名文化遗产，首先要做好城市规划，它为保护地名文化遗产提供了物质条件。将来应该在城乡规划中加入地名文化遗产保护和地名命名的内容，以便从城市建设的源头上，做好地名文化遗产的保护工作。

讲好弘扬优秀地名
文化的浙江故事

罗卫红[1]

地名是分布在历史长河里的时空符号，集聚了丰富的人类智慧，蕴藏了各个时期的历史、地理、人文信息，构成了一种独特的识别、命名和用于交往的文化。近年来，浙江在地名文化建设与传播上做了一些有益的探索：一是通过深入的地名工作拓展地名文化资源，二是以高度的文化自觉保护传承地名遗产，三是创新传播手段讲好浙江地名故事。2012年，浙江在全

1　罗卫红为浙江省民政厅副厅长。

省范围内开展了一次地名文化遗产的摸底排查，对千年古城（都）、千年古县、千年古镇、千年古村落、畲族语地名、著名自然地理实体、近现代重要地名等七大类重点地名文化遗产进行了初步调查和登记。我们将"保护和传承优秀的地名文化"作为地名管理服务的一项重要原则写入新修订的《浙江省地名管理办法》，确立了地名文化的法律地位。

2015年，浙江省民政厅开展了"浙江地名文化故事"宣传活动，我们梳理了浙江地名溯源、变迁和地名故事等众多书籍方志，精心选择各媒体报道的合适内容。我们选择处处是富有诗意的街名、路名的嘉善西塘古镇作为微电影的拍摄基地，把地名文化与善文化相结合，创作了微电影剧本。我们还策划"寻找乡愁 寻梦小镇"活动，组织媒体记者寻访最美古镇、最古老村落等，讲好弘扬优秀地名文化的浙江故事。

地名要言义俱佳传播正能量

　　中国历史和文化研究非常重视证据，强调史料的可信。王国维先生创造了以出土文物和古代文献对照验证的"二重证据法"，在此基础上，饶宗颐先生进一步提出从田野考古、文献记载和甲骨文研究相结合来研究夏文化的"三重证据法"。其实，作为承载丰富历史文化信息的地名，在历史文化研究中也是一种重要的证据和史料。只是因为中国地下文物太丰富，人们往往忽略了这些可以通过田野考察体认、活生生流动的历史地理人文信息。

中国人对大地有深沉的感情，因为大地是生养死葬之所。11年前，我作为总撰稿开始参与拍摄千年古县，在拍摄过程中我深刻地体会到，地名是中国文化的细胞。我的家乡四川安岳，历史上出过程咬金、陈抟等知名人物，贾岛也在这里做过官。安岳还是韩国普州太后许黄玉的故里。这是怎么知道的呢？许黄玉陵墓碑刻有"普州太后"字样，安岳古称普州，而且研究人员在安岳许家坝找到了与许黄玉陵墓中"双鱼纹"完全吻合的图案。在地名这个历史的切片中，文化就这样以活生生的方式呈现在我们面前。

地名一定要名实相符，中国的地名要契合中国的历史文化。现在流行起洋名，把这个建筑叫伊丽莎白，那座别墅叫枫丹白露，这是典型的名实不符。古人常说立德、立功、立言三不朽，在地名中也贯彻了这种理想。地名要不朽，一定要言义俱佳，要传承正能量。历史不仅仅是记住，历史也经常是遗忘，经过历史时间的淘汰而留下来的地名，是我们民族宝贵的遗产，是真正的好东西，我们一定要好好珍惜。

建立地名文化
国家数据库非常必要

胡彬彬[1]

　　"地名文化"作为一个概念，包括地名语词文化和地名实体文化两个层面。地名语词揭示了地名的语源文化内涵，地名实体文化体现了其所指代实体的地理、历史和乡土等，二者密不可分，共同构成了地名文化的全部内涵。地名文化记录着人类社会发展的历程、民族的变迁与融合、人们生活环境的发展变化，是重要的国家历史与民族文化遗产。

1　胡彬彬为中南大学中国村落文化研究中心主任。

我国的地名文化具有延续性、地域性和多元性三个显著特征。延续性，是指大部分地名都有一个历史的延续，例如新疆，在清代之前被称为西域。1878年，左宗棠收复新疆，在奏折中建议以"新疆"为名建省。新疆自古就是中国的领土，但因为是新收复的失地，有"故土新归"之意。1884年新疆正式建省，沿用至今。地域性，是每一个地名都体现了当地文化、当地民族的特征，能够与其他地区有所区别，比如说介休，就只能是山西的地名。多元性，是指地名中包含了多种多样的文化信息，与当地的民俗风情、传说故事、宗族构成、宗教信仰、历史人物等文化密切相关，例如湘江，不仅是一条纯粹地理意义上的江名，而且还被赋予了深厚的湖湘人文内涵。

重视地名文化，就是重视我们的国家与民族历史。传承和保护地名文化，可以从以下几个方面着手。第一，地方各级政府建立专门的地名文化遗产保护机构，对地名资源进行普查，通过社会调查、查阅史料、民间访谈等多种方式，进行广泛搜集、深入调查。第二，地名更改要建立一个标准。在申报政府相关部门核准之前，要邀请专家论证，确保新地名的更改有一定的文化含量，尤其是在一些城市区划、道路与街区的命名上，不能以便于管理之由，简单地使用数字及字母。第三，建立中国地名文化国家数据库，提高地名文化保护的水平。在数字化的今天，建立地名文化国家数据库非常必要。这是将中国古今地名和当地文化概况特点数字化，对中国地名文化的研究将发挥重要作用。

加快地名文化立法
强化地名文化建设

薛刚凌[1]

为什么要加快地名文化方面的立法？地名文化是我们国家文化建设中一个非常重要的部分，不仅有文化价值、历史价值，而且还涉及经济价值、社会价值、国家安全价值，需要运用法律手段来保护和促进地名文化的发展。

地名文化立法要解决哪些问题？首先要解决"地名权"的内

1　薛刚凌为中国政法大学法学院院长、教授、博士生导师。

涵与外延。"地名权"的性质和权属清楚了，才知道干什么，谁可以干。第二要明确地名文化保护的范围。地名文化立法要明确保护范围究竟有多大？什么样的情况我们要给予突出保护，需要国家物力财力的更多支持。第三要明确地名保护的主体。政府义不容辞，此外还有社会主体的权利，要通过立法建立相关机制来鼓励社会组织参与支持地名文化的抢救和保护。第四需要明确地名文化保护的手段。这里有柔性手段，比如宣传、数据库、信息档案，包括激励制度，还有刚性制度，如行政许可、行政处罚制度。地名的更名权是许可还是备案，值得研究。此外就是分类管理和标准化管理。对文化价值高，最需要保护的地名要采取更为多样手段严格保护；对方便百姓的地名使用，要允许地方自主创新管理。第五就是管理程序问题。地名文化的挖掘和保护，需要一个开放性的程序保障。有些地名有很高的经济价值和旅游价值，许多地方都在争夺，这也需要进入程序解决，以避免相互争夺，确保地名的合理使用。第六就是法律责任。所有破坏地名文化建设、违反法律规定的，都要承担法律责任。这里包含个人、企业、社会，也包含政府的责任。通过立法设定行为底线来保护地名文化，包括对相关地名的恢复，也包括处罚等。

如何通过立法来强化地名文化建设？地名文化立法可由三个层次构成：首先是制定基础性的《地名法》，对地名普查、地名服务、地名管理和地名文化保护进行全面规定。其次是制定"地名文化保护条例"或"地名文化建设条例"，解决上述各种问题。

再次是制定相关的分类标准、鉴定程序和各类具体保护措施等。特别需要强调的是，地名文化保护和建设需要国家的投入，需要国家统一管理，也需要法律制度的支持和保障，因为这些历史文化厚重的地名是全中国的财富，甚至是全人类的财富。

乡愁乡情皆在其中，至真至善跃然纸上

二零一五年四月一日到五月三十一日，光明日报社、民政部区划地名司共同主办『寻找最美地名』作品征集活动。来自全国各地的网友从大江南北发来了一千八百零六篇他们心目中的『最美地名』作品，这些作品涵盖了地名故事、地名文化、对地名保护的看法等。活动期间，光明日报微博择优刊发了一百零二篇图文并茂的优秀作品，截至五月三十一日二十四时，『寻找最美地名』活动专题在新浪平台上的阅读量超过三百万人次。

激发关注和保护地名文化的热情

——"寻找最美地名"作品征集活动记述

方莉　张宪辉[1]

"如今的邯郸，不乏宁静悠远，也不失热情奔放，这里更是一座善良温情、美如园林的现代宜居城市。"

"'孝感'之美，美在它浓厚的历史文化底蕴，美在它是中华传统文化的传承，美在它是孝文化的积淀，美在它是人类的精神家园……"

"奇美北碚，秀美北碚，雅美北碚，'碚'有韵味，'碚'有引力！"

这些情真意切的描述，是光明日报社、民政部区划地名司联合主办的"寻找最美地名"作品征集活动众多投稿作品中的几个片段。自2015年4月1日活动启动以来，来自全国各地的网友从大江南北发来了1806篇他们心目中的"最美地名"作品，这些作品涵盖了地名故事、地名文化、对地名保护的看法等。光明日报微博择优刊发了102篇图文并茂的优秀作品，截至5月

1　方莉、张宪辉为光明日报记者。

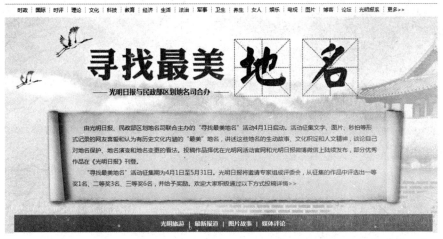

"寻找最美地名"活动的光明网页面截图。

31日24时，"寻找最美地名"活动专题在新浪平台上的阅读量超过300万人次。

中国社会科学院历史研究所研究员史为乐评价说："最美地名作品浏览一遍，很受教益。一些文章不仅文采好，内容也有深度，很有教育意义，相信能受到广大读者的欢迎。"

讲述地名故事 传播地名文化

3月23日以来，光明日报推出了《地名的故事·那些历史那些乡愁》系列报道，引发公众对地名文化的广泛关注。4月1日，作为《地名的故事·那些历史那些乡愁》系列报道在新媒体领域的延伸，光明网、光明日报微博"寻找最美地名"活动启动，历时两个月。这使地名文化通过微博、网络征集作品的形式呈现在大众面前。

"地名文化包含两个层面的文化，一个是语词文化，一个

乡愁乡情皆在其中，至真至善跃然纸上

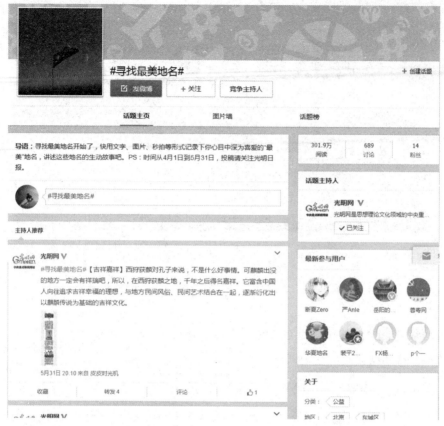

#寻找最美地名#

+ 创建话题

发微博　　+ 关注　　竞争主持人

话题主页　　　　图片墙　　　　话题榜

导语：寻找最美地名开始了，快用文字、图片、秒拍等形式记录下你心目中深为喜爱的"最美"地名，讲述这些地名的生动故事吧。PS：时间从4月1日到5月31日，投稿请关注光明日报。

#寻找最美地名#

| 301.9万 | 689 | 14 |
| 阅读 | 讨论 | 粉丝 |

话题主持人

光明网 V

光明网是思想理论文化领域的中央重...

✓ 已关注

主持人推荐

光明网 V

#寻找最美地名#【吉祥嘉祥】西狩获麟对孔子来说，不是什么好事情。可麒麟出没的地方一定会有祥瑞吧，所以，在西狩获麟之地，千年之后得名嘉祥。它富含中国人向往追求吉祥幸福的理想，与地方民间风俗、民间艺术结合在一起，逐渐衍化出以麒麟传说为基础的吉祥文化。

5月31日 20:10 来自 皮皮时光机

收藏　　　　转发4　　　　评论　　　　👍1

最新参与用户

断夏Zero　严Anle　岳阳的...　巷零网

华夏地名　裟平2...　FX杨...　p个一

关于

分类：公益

地区：北京　东城区

"寻找最美地名"活动在新浪微博页面的截图。

是地名所承载的地域文化，地域文化包括历史事件、名胜古迹、民俗等。"中国地名研究所副所长宋久成在6月16日召开的"寻找最美地名"作品评审会上说。最美的地名未必是风光旖旎之地，但一定是文化辉煌之地。此次投稿作品中，有大量作品讲述了地名蕴藏的历史故事、神话传说、名人逸事，描述其丰厚的历史文化积淀，引人入胜。

这些地名作品格外受评委青睐：《最美地名"孝感"》引

> 报名方式

"最美地名"故事可采用文字、图片、秒拍三种形式，将自己心目中的"最美"地名记录下来。

三种形式均须简明扼要写明地名名称、具体地点、作者、推荐理由等基本信息。

—— 邮件 ——

2000字以内，注明参加"寻找最美地名"活动
提倡和欢迎图文并茂的作品

—— 图片 ——

图片作品要求格式为JPEG
图片大小不小于800万像素

—— 秒拍 ——

秒拍视频作品要求
持续时间在60秒以内

旺山钱家坞

> 最新报道　　　　　更多>>

香海南如何治理地名乱象
网上流传着一个段子：东沙路在海口
西边，西沙路在海口东边，中沙路不
在东沙路和西沙路中间，中沙路在海口啸边。[详细]

路牌标识，用"Rd"还是"Lu"
地名标注表面上是一个翻译问题，实
际上是话语主权的问题，一味强调使
用英语以接轨国际，是语言不自信的表现[详细]

- "寻找最美地名"作品征集活动获奖作品公示说明
- 永远的儋州
- 北碚地名的奇秀雅
- 昌吉：遥远的宁边城
- 光明山上好读书

> 图片故事　　　　　更多>>

> 媒体评论　　　　　更多>>

轻率更改地名是对历史文化的割断

"寻找最美地名"活动的光明网页面截图。

用东汉孝子董永卖身葬父孝感天下的传说来阐述"孝感"地
名背后的孝文化；《最美地名惟江陵》讲述历史文化名城江陵
因李白的诗句"朝辞白帝彩云间，千里江陵一日还"而家喻
户晓，一本《三国演义》更是让其名扬天下；《昌吉：遥远的
宁边城》介绍新疆昌吉大批移民屯垦开发的历史与各民族和
谐共处的景象。

乡愁乡情皆在其中，至真至善跃然纸上

寄托深厚情感 凝聚美好愿望

"地名文化是典型的非物质文化遗产，这里面蕴藏的密码特别丰富，它反映了历史文化内容，凝聚着人们的美好愿望，寄托着人们的深厚情感。"光明日报总编辑何东平说。

此次作品征集活动，投稿地名以作者常住地或故乡为主。有不少作者结合自己的亲身经历，讲述了与故乡或常住地难以割舍的感情，并寄寓着对现实生活的美好憧憬，传递出至真至善的人文情怀。

《与众不同是邯郸》一文饱含深情地介绍邯郸深厚的历史文化底蕴和脍炙人口的美好故事，作者在文中直抒胸臆，"作为邯郸人，我深深为邯郸这座古老而美丽的城市而骄傲"。此文谈古说今，情深意浓，获得评委们的高度赞赏，被评为一等奖。

《"伤心桥下春波绿，曾是惊鸿照影来"——绍兴春波弄的故事》讲述作者游览绍兴沈园的经历，通过描绘陆游唐婉之间凄美的爱情故事回顾了春波弄的来历和内涵，文辞优美。《"行旅世界，心归平和"》介绍福建平和县的地名来历，传递地名寄寓的"行旅世界，心归平和"理念，评委们称其"别有一番风采"。

地名，因为情感的寄托而具有了特别的意义。评委们表示，细细品读这些作品，氤氲乡愁弥漫其间，乡情乡恋皆在其中，至真至善跃然纸上。

闪烁真知灼见　激发保护热情

征集来的1806篇作品中，投稿地名地域分布广、类型丰富多样。这其中，有贵阳、成都等省会城市，有邯郸、丽江、齐齐哈尔等地级市，有兰陵、颍上、牧野等区县，有康庄、神垕、良戈舍等村镇，有春波弄、朱紫坊等街巷，有光明山、元大都城门等地理实体。

不少投稿闪烁着对地名文化保护的真知灼见。"地名，是人类激活历史文化记忆的一种努力。""新疆众多地名就是各民族开发建设这块沃土留下的粒粒'明珠'。""对一个地名的保护，应在尊重当地历史文化传统与精神的前提下进行，争取既满足现代经济发展的需求，又保护当地的历史文化传统。"这些来自民间的朴实真挚的想法，正是推动地名文化繁荣发展的不竭动力。

"评选获奖作品时，我们要考虑尺度和布局问题，要囊括街巷、乡镇、县市等不同层级的地名作品，还要考虑时间动态性，历史悠久的地名和年轻地名都有所兼顾。"中国科学院地理科学与资源研究所研究员王英杰说。

正是基于这些考虑，评定的10篇获奖作品囊括了9个不同省份的不同地名，既有"千年来沿用未改"的邯郸，又有天山北坡穿着"大红大绿的民族盛装"的昌吉，还有台胞祖籍地、侨乡福建平和县，也有"最美在读书"的湖南省涟源市第一中学校园内的光明山，亦有源于陆游诗句"伤心桥下春波绿，曾是惊鸿照影来"的春波弄……

评审会上，《永远的徽州》借徽州地名来讲述博大精深的徽州文化，引发人们对地名文化保护的遐思。"再不好好保护，很多老地名就要消失了。"民政部区划地名司副司长陈德彧的看法深得各位评委的认同并引起共鸣。

　　"征集活动对提高人们的地名文化保护意识产生了很大促进作用，激发了广大人民群众关注地名文化、保护地名文化的热情。"中国地名文化遗产保护促进会会长刘保全对此次征集活动颇为赞赏。

与众不同是邯郸

陈志强[1]

　　说起中国的城市，名字最独特的就是邯郸了。翻开现代汉语词典，"邯"字下面仅有一个词条："邯郸，地名，在河北"。而邯字和郸字分开单独使用的几乎没有，搜遍全部记忆，似乎只有秦朝一个大将叫章邯，河南一个地方叫郸城。

　　邯郸名字的由来，一般采《汉书·地理志》中三国时魏国人张晏的注释："邯郸山，在东城下，单，尽也，城廓从邑，故加邑云。"意思是说，邯郸的地名源于邯郸山，在邯郸的东城下，有一座山，名叫邯山，单，是山脉的尽头，邯山至此而尽，因此得名邯单，因为城廓从邑，故单旁加邑（阝）而成为邯郸。邯郸城邑，肇起于商殷，在西周时属卫国，春秋时为晋地，当时邯郸已是闻名遐迩的农业、手工业和商业相当发达的著名城邑。公元前386年赵敬侯迁都于邯郸，为赵国都城长达158年之久。

　　而若论知名度，邯郸又应该是知名度最高的历史名城之一，在中国有谁不知道"邯郸学步"这个成语的呢？胡服骑射、

1　陈志强为河北磁县人大常委会副主任。

将相和、毛遂自荐等国人耳熟能详的故事都发生在邯郸。邯郸在历史上很长一段时间是中国著名的五大都城之一。

邯郸二字作为地名，千余年沿用未改，也是中国地名文化的一个特例。中国的其他古都，包括著名的北京、西安、洛阳、南京等城市，在历史上都曾或多或少或长或短地用过其他的名字。唯独邯郸没有。

作为邯郸人，我深深为邯郸这座古老而美丽的城市而骄傲。

邯郸之美，首先在于它的历史悠久灿烂，文化博大精深。邯郸市是"国家历史文化名城"。早在新石器时代早期，磁山先民就在这里繁衍生息，创造了享誉世界的磁山文化，为人类生存与发展做出了巨大贡献。邯郸西部涉县的古中皇山上坐落的娲皇宫，传说是华夏始祖女娲氏"炼石补天，抟土造人"的地方。以娲皇宫为代表的女娲文化，展现了华夏民族在洪荒之世，战天斗地，与自然抗争、改造自然、造福苍生的不屈精神。而以胡服骑射为代表的赵文化，更体现了古邯郸人开放进取、兼容并蓄的大气和自信，对于我们今天解放思想、改革开放仍然具有极其重要的现实意义。位于临漳县西南的古邺城是东汉末年至魏晋时期中国北方政治、经济、军事文化的中心。铜雀三台和邺城的建筑格局，对隋唐长安都城、元大都、日本奈良城乃至后世的都城建筑都产生过重大影响。以邺城为依托的建安文化，是建安文学的摇篮，开一代风格刚健、情调激越之文风，在中国文化史上留下了浓墨重彩的一笔。以响堂山石窟为代表的北齐石窟文化，是中国佛教雕刻艺术的宝藏，这里有世界上最大的摩崖刻经群，代表着北朝时期佛教发展的最高成就，是位列中国云冈、龙门、敦煌、麦积山四大名窟之后的全国第五大石窟群。

邯郸之美，更在于这里的人民忠诚智慧包容大度，勇于牺牲敢于担当，慷慨豪迈可歌可泣。燕赵自古多慷慨，这里从来就是贤良豪杰辈出之地。廉颇以国事为重不计个人名利负荆请罪的胸襟是何等的坦荡磊落，一出将相和震古烁今；正是有平原君的从善如流，欣然接受籍籍无名的毛遂自荐，才使毛遂有了脱颖而出的机会。窃符救赵、梅开二度、奉公守法等等故事都是在这片土地上上演。除此之外，还有一大批如荀子、乐毅、赵奢、李牧、魏征等在华夏苍穹熠熠生辉的名字。

不独男子，邯郸亦多不让须眉专美于前的奇女子。邯郸自古出美女，古诗十九首就有"燕赵多佳人，美者颜如玉"之句。邯郸女子不仅美压六国，艳绝群芳，而且多才多艺聪慧机智，能歌善舞倾国倾城。贵如王后和太后的秦始皇生母赵姬自不必说，另一个不畏强暴不慕权势勤劳机智的采桑女罗敷相信亦是家喻户晓，能享受《汉乐府》单独篇幅殊荣的民间女子，除此女外还有他人吗？

试问，有哪座城市能有邯郸这样深厚的历史文化底蕴？有哪座城市有这么多脍炙人口的美好故事？

邯郸之美，不仅在古，还在于今。如今的邯郸，处处青春灵动生机勃勃，山环水绕绿意盎然，她没有大家闺秀的冷傲，也没有小家碧玉的青涩。没有大都市水泥森林的生硬，也没有旅游开发过度的喧嚣。不乏宁静悠远，也不失热情奔放。这里是一座善良温情、美如园林的现代宜居城市。

邯郸之美，说也说不完，道也道不尽。正如一首歌里所唱："小城故事多，充满喜和乐。人生境界真善美，这里全包括"。如有时间，还是请你走入邯郸，登临丛台，品一樽赵酒，与磁州窑零距离，听听黄粱梦的传说，看看太极拳的表演吧。

"伤心桥下春波绿,曾是惊鸿照影来"

——绍兴春波弄的故事

柳成栋[1]

那年8月末的一天,我从杭州来到了魂牵梦绕的绍兴。参观鲁迅故居之后,冒着滂沱的秋雨,去游览因陆游与唐婉凄美爱情故事而闻名遐迩的沈园。鲁迅故居离沈园很近,经过一条小街,清楚地看到街牌上标明着"春波弄"三个大字。我的心灵立刻被"春波弄"这三个字所感动、所震撼。可以说"春波弄"是我见到的最美的街道名称,也是最富有文化内涵和文化积淀的地名。

循着春波弄,来到了沈园。虽然是第一次到沈园,但仿佛觉得这里的一切我都特别熟悉。这是因为陆游与唐婉的爱情故事早已深入人心,陆游笔下的春波早已在我心中荡起了阵阵涟漪。站在陆游《钗头凤》词的石壁前,再一次默读这首歌咏爱情的千古名篇,我立刻陷入了陆游与唐婉爱情的历史之中。

---

1 柳成栋为黑龙江哈尔滨投稿网友。

陆游20岁时，娶得年轻貌美、温柔多情的表妹唐婉为妻。婚后两人举案齐眉、相敬如宾，感情甚好。可是陆游的母亲却不喜欢唐婉这位娘家侄女，怕他们小两口情投意合、男欢女爱，终日嬉笑无间，耽误了儿子的前程，所以强迫陆游将媳妇休掉。陆游不敢违拗母命，忍痛与妻子分离。离婚后，据史料记载，陆游曾另找了一处住所，偷偷将唐婉安置在那里，两人仍然暗中往来。后来不料被陆游的母亲发觉，亲自登门"问罪"。无奈，两人只得忍痛分手。不久，唐婉改嫁赵士程，陆游也迫于母命再娶王氏为妻。然而这桩不幸的婚姻却在陆游的心中留下了永远难以抚平的创伤，让他一生都为此而悲痛。

陆游31岁那年，这位已经是三个孩子的父亲，一次在山阴城东南的沈园游玩时，与梦里都时时惦念的前妻唐婉不期而遇。陆游默默无语，纵有千种离情别绪，万般哀怨愁苦，却无法倾诉。

此时的唐婉也不胜悲戚，强忍眼泪，而不便与表兄交谈。陆游悲痛难禁，不久即满怀伤感地写下了那首情真意切缠绵悱恻的《钗头凤》：

红酥手，黄藤酒，满城春色宫墙柳。东风恶，欢情薄，一怀愁绪，几年离索。错、错、错！

春如旧，人空瘦。泪痕红邑鲛绡透。桃花落，闲池阁。山盟虽在，锦书难托。莫、莫、莫！

不久，唐婉见到了该词，遂在陆游的《钗头凤》词后也写了一首同调的《钗头凤》：

世情薄、人情恶，雨送黄昏花易落。晓风干、泪痕残，欲笺心事，独倚斜栏。难！难！难！

人成各、今非昨，病魂常似秋千索。角声寒、夜阑珊，怕人寻问，咽泪装欢。瞒！瞒！瞒！

唐婉题词之后不久，便香消玉殒。此时的陆游正在"夜阑卧听风吹雨，铁马冰河入梦来"的北征路上抗击金兵，杀敌报国，而他一直深怀对唐婉的思念。

宁宗庆元五年（1199年），44年后的陆游已经是一位年逾古稀的老人了，他再一次来到沈园，故地重游，当他漫步在与表妹最后一次会面的小桥上，只觉得物是人非，百感交集，幽怨万端，于是又写下了题为《沈园》的两首绝句。其一为：

城上斜阳画角哀，沈园非复旧池台，

伤心桥下春波绿，曾是惊鸿照影来。

梦断香消四十年，沈园柳老不吹绵。

此身行作稽山土，犹吊遗踪一泫然。

题为《沈园》的两首绝句，不但为陆游与唐婉爱情的历史增添了新的诗篇，更为绍兴留下了美丽的地名。800多年过去，池塘中的春波犹绿，陆游与唐婉的爱情故事犹存。当年会稽人民为了纪念唐婉与陆游，便将沈园附近小路唤作春波弄，一直留存至今；就连春波弄北端跨小河（鲁迅河）与都昌坊路相接的桥也称为"春波桥"。明万历《会稽县志》记载：

"以桥与沈园相近，取陆游'伤心桥下春波绿，曾是惊鸿照影来'为名，又名伤心桥。"这说明至少在明代以前就有了春波弄的街名，春波桥的名称也出现了。现在，春波桥附近的一间面馆，也挂上了"春波面"的招牌。

最美地名 "孝感"

王海瀛[1]

"孝感"是湖北省孝感市的地名。

小时候看黄梅戏电影《天仙配》，记住了七仙女和董永。长大后第一次听到"孝感"这个地名，觉得很难听，怎么起这么个名字，后来得知它是七仙女和董永相遇的地方，因东汉孝子董永卖身葬父，行孝感天动地而得名，顿时觉得这个地名无比美丽！

孝感，是一座新兴而古老的城市，是湖北省管辖的地级市之一。

孝感，是全国著名的以孝命名的城市，是我国孝文化之乡和楚文化的重要发祥地，也是著名的革命老区。

孝感的前身名孝昌，以"孝道昌盛"而得名。"邑自孝子出，而地以人传，美之曰孝昌，更之曰孝感"。（《孝感县志》）

南朝宋孝建元年（454年），孝武帝刘骏（430—464年）为弘扬孝道，析安陆东境置县，治今孝昌县花园镇中胡村北（滠河边）。

1　王海瀛为福建省标准化研究院工作人员。

据史载，刘骏是宋文帝刘义隆第三子，字休龙，小字道民。初立为武陵王，驻西阳（今湖北黄冈东）。先后任湘、豫、雍、徐、兖、江等州刺史职。元嘉十三年（453年）文帝长子刘劭杀父篡位，刘骏率部讨"逆"成功即位。为了巩固皇权，倡导孝行，改年号为孝建，并于孝建元年（454年）置孝昌县，以褒扬此地孝行之昌盛。据南宋地理学家王象之《舆地纪胜》云："宋孝武帝孝建元年分安陆东境建孝昌县，因孝子董黯立名"。清康熙《孝感县志》载：句章（在余姚市东南）董黯，亦尝流寓孝感，墓在邑北百二十里，唐吏部尚书徐浩题其碣曰："汉孝子董黯之墓"；《湖北通志》亦载有"（董黯）后侨寓孝感，今邑北百三十里有黯墓"。

及至五代后唐时期，庄宗李存勖为避其祖父李国昌的名讳，于同光二年（924年）改孝昌县为孝感县，取董永、孟宗行孝感动天地之义（据孟宗哭竹"至孝之所致感"和董永卖身葬父、行孝感天的传说），并一直沿用至今。

孝感，虽然不是我的故乡，也不是我的居住地，也没有去过，但我因名而爱上了它。

"孝为德之本，百善孝为先。""孝"是中华民族的传统美德，是民族的血脉，是人民的精神家园，是几千年传统文化的重要组成部分，也是社会主义核心价值观的重要内容。它承载了一种文化，一种传统。中国传统文化几千年来讲究的是忠孝治国，"孝"不是可做可不做的小事，国是放大的家，家是缩小的国，一个人连自己的父母都不热爱、不孝敬，何谈爱岗敬业、报效祖国？

　　"孝感"之美，美在它浓厚的历史文化底蕴，美在它是中华传统文化的传承，美在它是孝文化的积淀，美在它是人类的精神家园……

　　"孝感"之美，美得淳厚，美得大气，美得和谐！

光明山上好读书

吴勇前　袁雪晖[1]

　　光明山，当然美，凡是以"光明山"命名的地方都是神圣美好的。在佛经里，光明山是四大菩萨居住之地。据说，按照佛教的说法，凡是敬奉观音菩萨，进行礼拜、诵经、祭祀、学道、行道的道场名叫"补怛洛迦"，意为"光明山"。

　　但是，今日湖南省涟源市第一中学校园内的"光明山"却与佛教无缘。从古至今，山上没有寺庙，也不是道场，它的美就在读书。

　　这光明山当然美。1939年，在国立师范学院任国文系主任的钱基博先生是这样描写的："其山曰光明山，距蓝田（注：今为涟源市蓝田办事处）西一里许；重冈复岭，因山作屋；四面松竹，间以红树，惊红骇绿，抑亦寰宇之丽！而又有清流激湍，映带左右。"今日，这光明山仍然美：古木参天，绿荫匝地；碧水相绕，鸟语花香。但这不是人们叫它"光明山"的主要原因，也不是光明山最美之处。

　　这光明山最美之处是"好读书"！ 1937年，日寇大举侵

1　吴勇前、袁雪晖为湖南省涟源市第一中学教职工。

地名的故事

158

略中国，华北沦陷，辽阔的中国北方竟摆不下一张课桌。当时，全国高等院校108所，到1938年就被破坏了91所。就在此时，在蓝田李园，中国第一所独立的国立师范学院（简称"国师"，湖南师范大学前身）在教育家廖世承先生的苦心经营下诞生了！这给当时日渐萎缩的中国师范教育带来了光明。1940年，又在李园旁边购买一片山地，建教室、图书馆、办公楼、宿舍，成为国师二院。这片山地的一座小山，就被人们称为了"光明山"。国师学生描写当时的光明山："一到傍晚，图书馆便早宣告满座，后来者只好向教室里开辟第二战场，因此，所有的教室都挤得满满的，几百盏植物油灯，发出灿烂的光焰，把整个的光明山，变成一顶宝珠织成的王冠，场面多么伟大啊！""在前几年还设有小规模的发电装置，入晚，电炬齐明，实际符合了'光明山'的雅号。"这应是人们把"光明山"移来称呼这座小山的重要原因。从此，一句"光明山上好读书"之语流传四方。

光明山上好读书，在于聚集了一批热心教育事业的名流学者。国文系有经学大师钟钟山，这是一位以培养民族未来人才尽其诚的值得尊敬的老师；还有桐城派殿军钱基博先生，他对学生严如父，慈如母。英语系有风流倜傥的年轻教授钱钟书，他渊博的知识、风趣幽默的讲课，深受学生崇拜。数学系主任李达是留学德国的博士，学贯中西，时有诗词发表，文质并茂。教务主任汪德耀先生，是一位留学法国的生物博士，教授生物，深受学生敬爱。教育系的名教授特别多，如主讲教育学的部聘教授孟宪承、西方心理学史权威高觉敷、当时人手一册英语教材的作者朱有光、伦理学权威谢扶雅……

光明山上好读书，在于有一群"勤苦耐劳，热心负责，忠毅诚恳，朴实无华"的学生。"国师"的学生来自全国各地，在战火纷飞中，来到这光明山读书，既要担忧家人安危，又要提防日机轰炸。住的是用竹片织成墙的简易宿舍，怀抱着"读书不忘救国，救国不忘读书"的信念，勤奋学习。有书就发奋读，没书就抄笔记。每天早晨和傍晚，光明山树林里、田野上，就是一片"abcd"读英语的声音，一片"之乎者也"吟诗的声音。课余时间，成立"白云"诗社，创办报纸，演出文艺节目……国师学生邓志瑗《光明山上晨读》是其真实写照："晨起携书出，鱼鳞满布天。高声开卷读，回响遍山传。花惨零朝露，林昏带晓烟。敌人犹犯国，深愧似修仙。"

光明山上好读书，还在于国师的教师课余潜心著书立说，使这段时间成为许多教师学术成就的重要时期。钱基博在这里出版了《中国文学史》（上古、中古、宋金部分）《近百年湖南学风》等4部著作，储安平的专著《英国采风录》《英人、法人、中国人》都是在这里写就。著名历史学家、文献学家张舜徽在这里完成了学术上的标志性著作《广校雠略》，并为以后的一些重要著作《清人文集别录》《中华人民通史》《清儒记》等制订了规划，开始积累资料，为一生治学奠定了基石。钱钟书的《谈艺录》（上半部分）在这里完成，《围城》在这里孕育。汤晏在《一代才子钱钟书》里说："我们可以这样肯定地说，如果没有蓝田之行，则钱钟书绝对不会有《围城》，如果说没有《围城》这部巨著，那么中国文学史就要寒碜得多。故蓝田虽小，但对钱钟书及对中国现代文学的意义都无比重大。"

　　1944年日寇逼近蓝田，国师被迫迁往溆浦，国师二院院址转办为湖南省立十五中，1952年更名为涟源一中。70多年来，光明山年年春花烂漫，秋实累累，为国家培养出一批又一批栋梁之材。1955年毕业于涟源一中的工程院院士张信威，2008年重访母校时把"光明山上好读书"题赠给光明山上的莘莘学子；国师附中毕业的科学院院士、工程院院士沈志云也寄来他的题词："勤于学习，善于思考，敢于创新，勇于实践。"

　　光明山最美，最美在读书。

齐齐哈尔：达斡尔人的天然牧场

张守生[1]

如果您听过牛群和冯巩的相声《猜谜》，一定会记得其中一个谜语包袱：谜面是"大家一起笑话你"，谜底是"齐齐哈尔"。于是，大家记住了一个名字比较奇特的城市。齐齐哈尔真的与"笑"有关吗？如果无关，那到底是啥意思？又是哪个民族的语言呢？探究齐齐哈尔地名源起，要从清代说起。

顺治初年，被时人称为"罗刹"（食人恶鬼）的沙俄军役人员闯入黑龙江流域。世居黑龙江、精奇里江流域的达斡尔、鄂温克等民族百姓不堪侵扰，举部南迁至嫩江之滨定居，绵延千余里，分布为数百村屯。其中一支达斡尔人在嫩江中游西岸的高岗地带落脚，建起了齐齐哈尔屯。百姓耕、牧、渔、猎兼营，身高5尺的男丁每年向清廷交纳一张貂皮。据《清初内国史院满文档案》记载，顺治六年十月，"齐查噶尔"（齐齐哈尔）村达斡尔人纳固赖未获允许，曾私自到京城贡貂。这是档案首次记载齐齐哈尔，也是有史以来的第一次。

康熙六年（1667年），黑龙江发生索伦头目根特木儿叛逃

---

1 张守生为齐齐哈尔市政协文史学宣委员会主任。

沙俄事件，引发清廷警觉。为加强管理，康熙七年（1668年），清廷设立索伦达斡尔总管衙门，任命4名总管在理藩院直接领导下开展工作，衙门驻地设在齐齐哈尔屯。据康熙十五年（1676年）俄使日记描述，该屯"大约有一百间房子，村庄坐落在脑温江（嫩江）一个支流的岸边上。"从规模看，齐齐哈尔屯是当时嫩江流域最大的村屯，承载着行政、外联、驿站等功能。

自康熙二十一年（1682年）始，清廷筹备收复北疆失地，齐齐哈尔屯成为钦差大臣行营，在情报侦查、驿站安设、战马饲养、物资购置、军需运输、壮丁派赴等方面发挥了重要作用。此间，达斡尔、鄂温克、鄂伦春、蒙古各族人民同仇敌忾，在索伦总管带领下全员参与反侵略战争，为赢得雅克萨胜利立下功勋。卜奎驿站就是这一时期设在嫩江东岸索伦总管卜奎村的。

雅克萨战争结束后，中国漠北、漠西蒙古地区爆发持续近十年的战乱。康熙二十九年（1690年）春，逃散蒙古人冲击索伦总管辖区，百姓人心惶惶，纷纷逃离家园。事态平息后，达斡尔人心有余悸，恳请清廷在齐齐哈尔屯附近筑建一座城池，以备不虞。据《黑龙江将军衙门满文档案》记载，康熙三十年（1691年）正月二十三日，黑龙江将军萨布素赴京面圣时，再次提请筑建齐齐哈尔城。康熙皇帝当即口谕："著不误农时，乘闲筑城"，并钦定齐齐哈尔城名。考虑到地缘、交通等因素，兵部指示：于嫩江东岸卜奎驿站附近选址筑城。

皇帝批准建城的消息很快传遍嫩水达乡，欢欣鼓舞的人们在索伦总管玛布岱带领下，积极投身于伐木、取土、打夯、垒墙等工程建设。经过两年的艰苦施工，齐齐哈尔城拔地而起，矗立在嫩江平原。据《黑龙江外记》记载，齐齐哈尔"内城排木为重垣，实以土，具雉堞之观。四门皆有楼橹，方一千三十步，崇丈八尺。外郭因沙阜高下，甃以土堡，方十里。"《盛京通志》曾这样描绘齐齐哈尔："钜野作屏，长江为带，四达要冲，边城都会。"康熙三十一年（1692年），1000名达斡尔壮丁、1000名锡伯壮丁披甲，编入驻防八旗。自此，齐齐哈尔城成为黑龙江将军辖区军事重镇之一，承担起拱卫北疆安全的重任。

由于齐齐哈尔城并没有建在齐齐哈尔屯，而是建在了交通便利的卜奎驿站附近，而卜奎驿站就在卜奎村，因此当地百姓更习惯把齐齐哈尔城叫作卜奎城。于是，齐齐哈尔出现了官称、俗称通用的现象并被官方默许。为此，民间还演绎出齐齐哈尔城是被一夜大风从江西刮到江东的"风刮卜奎"传说。此后，江西的齐齐哈尔屯仍叫齐齐哈尔，江东的齐齐哈尔城也叫齐齐哈尔，这种状况持续了二百多年。直至清末，官方文书才把齐齐哈尔屯改作"齐齐哈屯"，省略了一个"尔"字。而今，齐齐哈屯依然存在，是梅里斯达斡尔族区梅里斯乡的一个行政村。

在建城之后的三百余年时间里，受多元文化尤其是汉文化影响，齐齐哈尔渐次出现过"奎城""龙沙""龙城""龙江""江城""黑城""齐城"等别称。20世纪80年代,齐齐哈尔扎龙湿地被国务院划定为国家级自然保护区,被世人誉为"鹤城"并广为流传。一座城市有这么多别名、美名,估计全国也不多见。

如果您来齐齐哈尔做客,询问当地人这地名是哪个民族的语言,又是啥意思,不同民族的朋友会给出不同的解释。综合各种解释,可以概括为三说,即达斡尔语说、蒙古语说和满语说。

达斡尔语说认为,齐齐哈尔一词是由达语"齐齐仁"和"哈日"两个词干合成的,原意是"陡岗牧圈",引申为"天然牧场";蒙古语说认为,齐齐哈尔是从蒙语"喜扎嘎尔"演化而来的,有"边城、边疆"之意;满语说则认为,齐齐哈尔的发音为满语"齐齐嘎拉",为雁叫之声,意谓"大雁起落的地方"。之所以出现这种状况,是因为历史上齐齐哈尔土著民族众多,且都有各自的语言,产生地名歧义是正常现象。当地学者们认为,齐齐哈尔屯是南迁嫩江流域的达斡尔人所建,既是自然选择,也是历史选择,齐齐哈尔的命名权应属于达斡尔人。

"行旅世界，心归平和"

戎章榕[1]

福建省平和县的县名是有历史由来的。

明朝时期，平和地界上多处发生动乱。明正德十四年（公元1519年）六月置县，地名取"寇平而民和"之意，即为"平和"。

平和建县历史虽不到五百年，但三平寺却逾千年。作为国家 AAAA 级风景区的闽南佛教圣地，尤其在东南亚的华人华侨中影响深远，每年有60万以上来自世界各地的信众前来朝圣。心有皈依，道由心生。平和县还是福建省重点侨乡和台胞祖籍地，海外游子，恋祖爱乡，走遍世界，心系祖地。

当地政府以"行旅世界，心归平和"作为宣传语，其用意固与推介家乡、彰显地域特色有关，但平和不只是一个地名，也是一种心态与境界。在时代背景下去把握与体认更深的蕴涵，进而上升为一种执政理念则更值得称道。

平和是国家生态示范县，是个山清水秀的地方。森林覆盖率达69%，高于福建省平均水平，还是"五江之源"。这样的自然、生态的环境，不仅盛产"琯溪蜜柚"和白芽奇兰茶，

1　戎章榕为福建省政协办公厅工作人员。

而且有助于涵养平和的心态。面对社会转型期的矛盾，不同利益的博弈和多元诉求的表达，面对导致社会心态焦虑、不安与失衡的诸多问题，怎样将生态美与百姓富有机统一？怎样在发展经济中提升文明素质？当地执政者不只是巧用和引申地名，而应当未雨绸缪，正面引导。以"心归平和"来引领平静、恬适、和睦的生活。发展是为了百姓幸福，幸福却要用心体会。同时，可以用规则与制度创造公平正义的发展空间去激发社会活力。当地一家茶企因此而受感召，秉承"天地和，醇香远"的经营理念，利用柚子花香窨制成了"柚香白芽"茶。平和县海拔600米山下种柚子，海拔600米山上种茶叶，一款新品，将两者完美结合。柚子花开，清明前后；"柚香白芽"，则四季飘香。

遥想当年，王阳明品茗议县，才有了"平和"地名；新时代的地方执政者，站位更高，将"心态培育"作为执政要求的一项内容。从中华传统"和"文化中汲取力量，在社会治理创新中加强人文关怀，注重心理疏导，提倡并践行身心和悦、家庭和顺、社会和谐，"心归平和"也就成为执政考验的目标追求。

在茶香氤氲中，如果说"柚香白芽"是有意地"嫁接"，那么，"心归平和"则是回归生命的本真，表现出更高的文化自觉。当年知名乡贤林语堂曾说"茶须静品"，现代人同样有体会，心不平静，就不会幸福。心平乾坤大，气和理数明。以和为贵、守正平和，实乃中华文化的精髓。以传统文化疏导"看不见"的心理，更要用实际成效着力化解"看得见"的现实矛盾，共建共享的平台。"培育自尊自信、理性平和、积极向上的社会心态"，被写入了党的十八大报告中。由此看来，平和县推出"行旅世界，心归平和"，其追求已经超越了一个县域的范畴，心态培育既是未来发展的一个"文化软实力"，也是推进国家治理体系和治理能力现代化的题中之意，这不仅关乎中国的当下，更关乎民族之未来。

最美地名惟江陵

只要提到"江陵"二字，人们便会自然想到李白的诗句"朝辞白帝彩云间，千里江陵一日还"，一本《三国演义》更是让江陵的美名家喻户晓。

江陵，因"地临江""近州无高山，所有皆陵阜"而得其名。江陵，又名为荆州城，秦破郢后置江陵县。江陵作为地名，历代沿用，故有一城二名。江陵是中国历史文化名城之一，目前，有保存较完好的荆州古城墙，城内东西直径3.75公里，南北直径1.2公里，面积4.5平方公里。古城墙始建于春秋战国时期，曾是楚国的官船码头和渚宫，后成为江陵县治所。现存的古城墙大部分为明末清初建筑，是我国古城墙中保存最为完好的古城之一。

江陵位于湖北省中部偏南，地处长江中游，江汉平原西部，南临长江，北依汉水，西控巴蜀，南通湘粤，古称"七省通衢"。在1600多年间，在江陵建都的有楚、南北朝和五代。公元前689年楚文王继位后"始都郢"，建城于纪山之南，故名纪南；

楚人习惯性称都城为"郢"，故又名纪郢。经过数百年的发展，此时楚已稳固地控制江汉平原，成为大国和强国，江陵起始就是大国都城，是当时南方最大的都会。江陵城内的古建筑有很多，有著名的太晖观、元妙观、掷甲山、开元观、点将台等。

江陵因地理位置重要、自然条件优越历来备受关注。古代社会，江陵历来为兵家必争之地，共有三十四位帝王在江陵建都立国。江陵属长江冲积平原，境内湖泊众多，光照适宜，物产丰富。早在四五千年前，便已种植稻谷。楚国鼎盛时期的政治、经济、文化中心始终在这里。江陵历史悠久，人才济济，出现了许多思想家、政治家，屈原、孙叔敖、张居正等无不是江陵名人。

荆江之险培育了荆楚人与自然顽强奋斗的拼搏精神和风貌，惊涛骇浪的荆江水，培育了江陵人坚韧执着的无畏精神，看准了的就去干，就去拼，这是楚人的最大特点，"九头鸟"也因此而扬名。

1982年国家公布江陵为国家历史文化名城。从此，江陵便迎来了世界各地的游客。随着改革的春风，1994年荆州地区和沙市市合并使其行政区划变更，江陵县一分为三，西部以原县城为中心的主体成立了荆沙市荆州区（后改名为荆州市荆州区），中部部分乡镇并入到原沙市成立了荆沙市沙市区（后改名为荆州市沙市区），东部部分以郝穴镇为中心成立荆沙市江陵区（后改名为荆州市江陵区），1998年撤区设县，从此，江陵这个地名实质上从古城荆州迁移到了郝穴镇，成为了新江陵县。

　　江陵其名美妙，今日江陵的迁移还是有些令人遗憾。本来江陵和荆州就是一对孪生兄弟，难舍难分。假如江陵县城还是设在荆州城内，依然保持一城两名，那么，江陵的文化含金量就会更浓，踏进古城的青石板与"古人对话"会更加亲切，江陵的名声也会更加响亮。

昌吉：遥远的宁边城

毛眉[1]

天山北坡脚下的昌吉城，修建于1761年（清乾隆二十六年），城周长3里5分，城高1丈5尺；有4座城门：东门"文同"，西门"武定"，南门"谐迩"，北门"爕遐"。

城成之后，上报中央。

二十六岁的乾隆皇帝，意气风发，刚刚耗费了康雍乾三代帝王之力，剿灭了准噶尔汗国，统一了天山南北，钦命"宁边城"。

"宁边"，语出《北齐书》："今也其时，静境宁边，事之大者……文武兼用，威恩并施。此计若行，国家庶无北顾之虑矣。"

中国不少地名中有"化""宁"二字，如乌鲁木齐原名"迪化"，内蒙古首府原名"归绥"，还有"新化""安化""宁远""新宁""绥宁""常宁"，都是些地处边远、后被"归化"的地方。

当时的乾隆，不仅为昌吉城赐名"宁边"，还为伊犁建的

---

1 毛眉，中国作家协会会员，作家、自由撰稿人。

二城赐名"绥定""安远"，为乌鲁木齐建的城堡赐城名"辑怀"。

自古以来，中国皇帝都有着宁边梦。昌吉的发展尤其离不开乾隆的宁边梦，——宁边城，一直顶着皇帝御赐的光环。

昌吉在汉朝时归入疆域，西汉时是车师后部，盛唐时是北庭都护府所在地，直到乾隆1773年在这里筑城建县，自古至今，一直都是丝绸之路北道上一颗昌盛而吉祥的绿色珍珠。

在历史烟尘的长途跋涉中，昌吉的土地上，既有成吉思汗的帝王之辇，从这里车辚辚马萧萧地驶过，也有乾隆在平定准噶尔部之后，拨兵三千的军屯，修粮仓，建城池。

任何一个城池的建立，起源都不是因为工业和商业，而首先是军事的需要，因军事需要而建城。中国的城无论大到故宫，小到北庭，宁边，无不如此，所以才有了那么多兵临城下的故事。建城与破城的历史，是军事史，也是文明史，发展史，人类史；其次，才是政治的需要，一个城池的军政性质会保持很久，最后才成为百姓安居的一方家园。

"昌吉"的称呼始于元代，由蒙古语"仰吉"转化而来。"昌吉"，有说是突厥语，"新城"的意思，有说是蒙古语，"场圃"的音译。

元代以来，昌吉除了"仰吉"外，史籍中还有"昌八剌""彰八里""掺八里""昌八里"等称呼，一音多转，一音多译，逐渐演变，指的都是一个地方：新疆昌吉回族自治州。

当"仰吉"最后转化成"昌吉"时，人们又自然地加进了"昌盛吉祥"的含义。

屯田制，这个戍卫与垦耕并顾的制度，在清朝戍边历史上达到了新疆之最。在这个鼎盛时期，昌吉与屯田有关的村落名称应运而生：头工、二工、三工、四工等地名被载入《昌吉市地名图志》。

虽然，随着历史的演变，这些带着特殊时期历史遗迹的地名大都被更替，但蛰伏在这些村落中的历史故事，却遗珠了皇权统治时期的新疆，在某个节点上的政治图志。

这些昌吉地名，体现出大批移民进行屯垦的历史痕迹。而近代与当代的昌吉，也以畜牧与种植园艺业发达而著称，依然是瓜香果落，丰硕累累，呈现出屯垦开发、各民族共处的景象。

昌吉绿洲连绵，宜牧宜耕，是一个被大自然所赐福的地理，它所辖的七个县市，在整个天山北坡，一字儿排开，有几个吸引世界的亮点：它是世界恐龙化石的故乡，世界硅化木的故乡，野马的故乡……

就像清代官员陈庭学写建县20年后的昌吉：

征路仍空阔，天光接野芜。

墩疑高塔峙，树识远村孤。

迁户稠边县，行骆利坦途。

关河限中外，风土未全殊。

诗中的昌吉，战争的烽火已经远离，虽显寥落，却是屯垦开发与各民族共处的宁静景象。

至今，昌吉市区还保留着一条繁华的、东西走向的"宁边路"，宁边路旁，一条新建的大道，又被命名为"长宁路"，它的寓意不言而喻：长治久安。

夏天的"宁边路"，傍晚的"长宁路"，哈萨克的披肩，维吾尔的裙裾，回族的纱巾，把所有的色彩飘成旗帜，为天山北坡穿上了一件大红大绿的民族盛装。"关河限中外，风土未全殊"，一座各民族共处的宁静之城的风采展现在世人面前。

北碚地名的奇秀雅

黄亨义[1]

有一个字,在《现代汉语词典》中的解释是"地名用字:北碚(在重庆)。"这就是独特的"碚"字,即重庆市北碚区的简称。一个地方的地名用字,成为词典的唯一解释,在全国实属罕见。

据《重庆市北碚区志》记载,北碚的名称,始于清朝初年,公元17世纪初(清康熙年间),北碚系巴县之白碚镇。因场镇建于嘉陵江南岸,有石梁自江岸伸入江心,故名。又因地处巴县县境之北,18世纪50年代(清乾隆年间),改名北碚镇。

北碚地名之美一曰"奇"。

在重庆市五花八门的地名中,最令人称奇、让古今研究者乐此不疲的当数北碚。北碚的地名,源于"碚石"这一奇特的自然景观。在北碚北侧嘉陵江中,有一巨石,呈紫红色泥页岩碎块及灰质结构,美丽交错,突入江心270米,名白鱼石,又称黑碚石,北碚之名即源于此。

北碚的地名从"碚石"缘起到北碚形成,还有一个美丽

---

1 黄亨义为重庆市北碚区商务局工作人员。

传奇的民间故事：传说有位助人为乐的渔翁，终年背老弱妇孺过泥烂水深的龙溪河，不取报酬。这事感动了观音菩萨。在一个风雨交加的日子，观音化作一个美丽的姑娘来到溪边，要老渔翁背她过溪。老渔翁背着姑娘，披风顶雨艰难行走，上岸后放下姑娘，又急忙转身返回去背老人。观音见老渔翁勤劳诚实，临别时送给他一条彩带，告诉他在七月七日把彩带背拉过溪，溪上就会有一座桥，但背拉时千万不能回头。于是，到了七月七日这一天，老渔翁就将彩带的一头拴在嘉陵江西岸的岩头，自己背着另一端，踏进急流向对岸东阳镇拉去。开初还轻松，越往前走越绷越紧感觉吃力，眼看离岸不远，老渔翁生怕绷断彩带，忍不住回头看，糟了！眨眼工夫，老渔翁和彩带都变成了一盘巨石。

屹立江心的"黑碚石"，就是肩背彩带、躬腰前行，回头张望的老渔翁形象。所以，后人为他惋惜："唉，白背了，白背了！"人们说，"白背"（北碚）就由此而来。

北碚地名之美二曰"秀"。

虽然北碚地名作为建制的时间不长，但"碚石"作为北碚的标志却具有丰富的历史文化底蕴。它集中体现了北碚这颗嘉陵江畔的明珠鬼斧神工的自然景观，是北碚集山、水、林、泉、峡、石、洞、瀑秀美风光的典型代表。北碚这座以"碚石"命名的花园城市，依山傍水、山水相连、绵延起伏、气势磅礴。境内有名山——缙云山，名江——嘉陵江，名泉——1600多年历史的北温泉，名峡——牛鼻峡、温汤峡、观音峡组成的嘉陵江小三峡，名花——中国花木之乡静观镇的素心腊梅，名镇——偏岩古镇和金刚碑古镇。北碚是全国首批风景名胜区、全国优秀旅游城市，有缙云山等国家3A级以上景区5个。

它集嘉陵之峻、缙云之翠、北泉之秀、磨滩之雄等多种自然元素为一体，其风光之秀美，景色之壮丽，令家乡人自豪，让外来人流连。

北碚地名之美三曰"雅"。

一个"碚"字，在古老的字书上无处可觅，从《说文解字》到《康熙字典》、《中华大字典》均没有记载，民国时期编纂的《辞海》中也无从查找。这引发了古今许多名人雅士的浓厚兴趣，为之溯源寻根者不乏其人。古时的欧阳修、陆游、范成大、王士禛，现代的邓少琴、梁实秋等大家，对奇特的"碚"字都情有独钟，并予以各自的解读。宋代欧阳修有《虾蟆碚》诗，并自注云：今士人写作"背"字，音"佩"。据《北碚文化艺术志》记载，巴渝文史学家邓少琴曾专门考据，并作文《碚字音义》，对碚字做了权威疏正："峡中有场曰北碚，俗读'碚'如'倍'。近日常有以'碚'字音义为问者，字书缺漏不载，苦无以应，及读洪良品《巴船纪程》载，陆游入蜀记有荆门十二碚，皆高崖绝壑；王十朋诗又有荆门岩岫十二碚之句。'碚'亦作'背'。"

《碚字音义》末尾说："北碚石梁突出江水，水随石转，曲折迂回，正如其形，于此可知得名甚古，音存而义乃亡之矣。录之以备问者矣。"同样，从1939年至1946年间居住北碚雅舍的梁实秋先生，在《北碚旧游》一文中提及碚字："北碚的'碚'字，不见经传。本地人读若倍，去声。一般人读若培，平声……"梁实秋认为，碚字意义大概是指江水中矗立的石头。

北碚这座以"碚石"为根基的城市，在抗日战争时期，作为"陪都的陪都"，吸引了林语堂、梁实秋、梁漱溟、陶行知、晏阳初、老舍等一大批文化名人，留下了中国西部科学院、复旦大学、勉仁文学院等重要历史遗迹，催生了《四世同堂》《雅舍小品》《中国文化要义》等传世名著。

以"碚石"作为地名，凸显了北碚独有的地域特色，凝聚着北碚的历史文化传承，是不可复制的"这一个"，同时，也体现了北碚人对自然的敬畏和对家乡的热爱。"碚石"见证了北碚的沧桑岁月，留下了北碚的乡土记忆。尽管"碚石"不具备文物的特质，考虑到"碚石"作为北碚地名起源的特殊性，北碚区政府已确定将其列入区级文物保护序列，并设立标识、建立保护机构。此举将有利于更好地保护根植在北碚人心中的珍贵自然遗产，保护历史悠久的北碚地名传统文化印记。

奇美北碚，秀美北碚，雅美北碚，"碚"有韵味，"碚"有引力！

永远的徽州

段昌富[1]

　　徽州古称新安，北宋徽宗宣和三年改歙州为徽州，徽州得名始于此。

　　徽州地处皖南崇山峻岭之中，四面群山环绕，层峦叠嶂，河流交叉，风景优美。历史上中原战乱频繁，但徽州一直处在一个相对封闭的地理环境中，没有受到战火侵扰，依然是世外桃源，吸引了大批中原人南下迁移到此。徽州山水形胜，迎合了文人士大夫栖息林泉的心理追求，形成了聚族而居，以名门望族、大姓家族为主的民居村落，逐渐形成一个独立的民俗单元。徽州的名门望族，就有"新安十五姓"和"徽州八大姓"之说。

　　这样的世外桃源，同样也吸引着我们来到了绩溪县领略这深邃的徽州文化。我们来到坑口村，参观了胡姓的奕世尚书坊、乡贤祠、胡宗宪少保府、尚书府、胡氏宗祠，还来到孔灵村，参观了汪姓的涅园。这些村落依山傍水或靠山近田，顺着地形、河流或山溪展开，有时涧溪穿村而过。村落形状并不规则（但

1　段昌富为淮南市作家协会会员。

龙川村俯瞰成船形，呈龙舟出海之势），注重自然情趣和山水灵气。整个村落掩映在山光水色田绿之中，加上马头墙高低错落，房舍有疏有密、有虚有实，高低错落，富于变化，与周围自然景色融为一体，形成了美丽并富有生气的"山水画廊"。

走进古村，在粉墙黛瓦渲染下，那依山傍势渗出的淳朴典雅，那浓淡相宜发散的轻灵秀气，那飞檐走兽喷泻的伟岸，情趣横生。门前溪水潺潺，黑瓦鳞鳞，远山碧黛空灵，薄云淡雾，风光不尽。整个村子像迷宫一样，数不清的巷子让你不知身在何处，经常让你产生这里已经走过的错觉。村落的巷子处处相通，七弯八拐终有出口。脚下清一色的石板路被踩磨得溜光锃亮，记录着古老的印迹。

村里的民居鳞次栉比，黝黑的屋瓦，浅灰的马头墙连成一片。民居多为三间、四合等格局的砖木结构楼房。两层多进，大门饰以山水人物石雕砖刻，门楼重檐飞角，各进皆开大井，通风透光。人们坐在室内，可以晨沐朝霞、夜观星斗。经过天井的"二次折光"，光线比较柔和，给人以静谧之感。雨水通过天井四周的水枧流入阴沟，俗称"四水归堂"，意为"肥水不外流"。民居楼上极为开阔，俗称"跑马楼"，有厅堂、卧室和厢房。天井周沿，还设有雕刻精美的栏杆和"美人靠"。一些大家族，随着子孙繁衍，房子就一进一进地套建，形成"三十六个天井，七十二个槛窗"的豪门深宅。我们坐在沁凉的古宅大厅里，时间似乎就此停止，却又像在缓缓流动，看着阳光从天井中射进来，感受着此时的"庭院深深深几许"。

徽州被誉为"东南邹鲁"，自宋以来崇儒重教，文风昌盛，人才辈出。徽州先民对子女的教育是很讲究方法的。他们除了言传身教，以身作则，力求用自己的实际行动来达到教育目的外，还善于借助建筑样式、厅堂装饰等形式，来实施家庭教育，把自己对子孙的教育愿望，对子孙的殷切期望含蓄无声地表达出来。那古民居中天井的建筑结构，不就是在告诫生活在家里的孩子，不要成为"井底之蛙"，一辈子蹲在家里"坐井观天"吗？那镌刻"履信轩""临书别院""士能尚义"等字的题额，也是寄希望于子孙，要勤学苦读，行善立德，将来能在科举道路上获取功名。那悬挂厅堂两边的楹联，如"一脉祖传曰勤俭，两条正路为耕读"等，不是在教育子孙后代要好好读书老实做人吗？生活在家里的孩子，天天望着天井，看着题额，读着这些楹联和中堂，在不知不觉中得到教育与启迪，终成一世名人。

　　我们参观的"胡氏"后裔名人就有宋代文学家胡仔，明艺术家胡正言，清制墨名家胡天柱、著名商人胡光墉（即胡雪岩），现代著名学者胡适等人。参观的"汪姓"后代名人有宋宰相汪伯彦，元末明初理学家汪克宽，明医学家汪机、戏曲作家汪道昆，清画家汪士慎、数学家汪莱，民国国务总理汪大燮、画家汪采白，现代诗人汪静之等等。

　　"一生痴绝处，无梦到徽州"，这是明代戏剧家汤显祖留下的千古绝唱，意思是一辈子想去人间仙境，可做梦也没梦到人间仙境原来就在徽州。徽州作为一块有着悠久历史的土地，以其山清水秀的自然环境和贾而好儒的人文积淀养育出众多的著名人物，更有着无数默默无闻的徽商，用自己的勤劳智慧在异域他乡滚打拼搏，不但将徽文化传播到各地，同时也回馈桑梓，为后人留下了民居、牌坊、雕刻等等精美的物质遗产。

徽州，是人们心中永远的精神家园！

后 记

　　党的十八大以来，光明日报立足自身的定位和特色，把社会主义核心价值观宣传报道作为核心任务，放在核心位置，作为报纸的基调和底色，突出文化特色，突出文化内涵，发掘典型，讲好故事，阐释理论，评析热点，使核心价值观宣传报道取得了新的令人瞩目的成绩。

　　编辑《核心价值观的故事》丛书的目的就是要对这些成绩作一番系统的梳理和展现，为践行和弘扬社会主义核心价值观提供借鉴和启示。首批编辑出版的有《家风家教的故事》《校训的故事》《新乡贤的故事》《地名的故事》《核心价值观百场讲坛（第1辑）》，将要编辑出版的有《座右铭的故事》《品牌的故事》《新邻里的故事》《劳模家书的故事》《宿舍文明的故事》等。丛书的主要内容来自报纸的报道和文章，但并非简单的照搬，而是经过精心的编辑和加工。

　　在"治国理政新实践"重大主题宣传报道中，光明日报组织优秀记者采写了《为国家立心为民族铸魂——十八大以来党中央推进和深化社会主义核心价值观建设纪实》，对三年来以习近平同志为总书记的党中央培育和弘扬社会主义核心价值观的新理念、新思想、新战略、新实践进行了全景式报道和深入深刻的评析，现作为特稿，收入书中。

　　值此丛书出版之际，首先要特别感谢的是长期以来亲切关怀、精心指导、充分肯定光明日报核心价值观宣传报道的中央领导、中宣部和中央文明办等部门的领导。他们的关心和厚爱，是光明日报进一步推进和深化核心价值观宣传报道的不竭动力。

　　要特别感谢的是一直以来高度重视、亲自部署、大力推进核心价值观宣传以及丛书所收录各系列报道的光明日报总编辑何东平和光明日报编委会其他各位领导。何东平和光明日报副总编辑陆先高十分关心和支持丛书的编辑出版。何东平为丛书撰写的长篇序言，阐明了光明日报"把核心价值观宣传放在核心位置"的办报理念，总结了光明日报核心价值观宣传报道的经验，思考了创新核心价值观宣传的思路，对阅读这一丛书提供了有益的帮助。陆先高主持召开丛书编辑工作会议，为丛书的出版奠定了基础，指明了方向。

　　需要感谢的还有参与和支持丛书所收录各系列报道采写、文章撰写、稿件编发及相关工作的光明日报社办公室、总编室、评论部、科技部、教育部、文艺部、理论部、国内政治部、经济部、国际部、摄影美术部、记者部、新闻研究部、军事部、光明网等相关部门和国内外相关记者站的记者、编辑、工作人员以及社外各位领导、专家和作者。

光明日报新闻报道策划部相关编辑倾心尽力负责丛书所收录各系列报道的策划、组织和协调、落实，积极筹划和投入丛书的编辑和出版，他们付出了很多心血和辛劳，在此深致谢意。

光明日报出版社社长潘剑凯、常务副总编辑高迟对丛书出版给予热情关心和支持，责任编辑谢香、李倩为丛书的编辑出版表现出足够的耐心和细心，也一并表示感谢！

由于丛书编辑时间仓促，或存有错误，敬请各位读者批评指正。

图书在版编目（ＣＩＰ）数据

地名的故事 ／ 柳拯，袁祥主编． —— 北京 ：光明日报出版社，2016.4

（2019.10重印）（核心价值观的故事丛书）

ISBN 978-7-5112-9859-1

Ⅰ．①地… Ⅱ．①柳… ②袁… Ⅲ．①历史故事－作品集－中国

Ⅳ．①I247.8

中国版本图书馆CIP数据核字(2015)第310359号

地名的故事

DIMING DE GUSHI

主　编：柳　拯　袁　祥			
责任编辑：谢　香　李　倩		责任校对：傅泉泽	
封面设计：杨　震		责任印制：曹　诤	

出版发行：光明日报出版社　江西高校出版社

地　　址：北京市西城区永安路106号，100050

电　　话：010-67078248（咨询），010-63131930（邮购）

传　　真：010-67078227，67078255

网　　址：http://book.gmw.cn

E-mail：renqing339@126.com

法律顾问：北京德恒律师事务所龚柳方律师

印　　刷：河北鹏润印刷有限公司

装　　订：河北鹏润印刷有限公司

本书如有破损、缺页、装订错误，请与本社联系调换

开　本：165mm×230mm			
字　数：134 千字		印　张：13.75	
版　次：2016年4月第1版		印　次：2019年10月第3次印刷	
书　号：ISBN 978-7-5112-9859-1			
定　价：36.00元			